삼국지

"NEMURENAKUNARUHODO OMOSHIROI ZUKAI SANGOKUSHI"

supervised by Yoshihiro Watanabe, written by Muku Sumita
Copyright ⓒ Muku Sumita 2019

All rights reserved.
First published in Japan by NIHONBUNGEISHA Co., Ltd., Tokyo
This Korean edition is published by arrangement with NIHONBUNGEISHA Co., Ltd.,
Tokyo in care of Tuttle-Mori Agency, Inc., Tokyo, through, ERIC YANG AGENCY, Seoul.

이 책의 한국어판 저작권은 Eric Yang Agency를 통해
저작권자와 독점 계약한 ㈜알에이치코리아가 소유합니다.
저작권법에 의하여 한국 내에서 보호를 받는 저작물이므로 무단 전재 및 복제를 금합니다.

한 권으로 끝내는 인문 교양 시리즈

스미타 무쿠 지음
와타나베 요시히로 감수 | 양지영 옮김

"같은 해 같은 달 같은 날
함께 죽으리라!"

도원결의, 삼고초려,
출사표, 고육지책, 배수진…

명대사와 명장면으로 보는
삼국지

명언과 명장면 요약,
영웅들의 계보, 격전지 지도까지!

"죽은 공명이
산 중달을 쫓아냈다!"

RHK
알에이치코리아

약 1800년 전, 중국은 큰 변혁기를 맞이하였다. 400여 년이라
는 세월 동안 지속되어온 한나라가 황건적의 난으로 쇠퇴하고, 조
조가 마지막 황제인 헌제를 옹립하면서 그 명맥이 끊어질 위기에
처한 것이다.

조조는 200년에 벌어진 관도대전에서 최대의 라이벌인 원소를
격파하고 화북 지방을 장악하며 중국 통일을 꿈꿨다. 이 시기에 한
나라의 마지막 보루 역할을 한 인물이 바로 한나라 황족의 후예인
유비였다. 멍석과 짚신 장수였던 그는 관우, 장비, 조운이라는 뛰어
난 장군들과 제갈량(제갈공명)이라는 천재 책사의 도움을 받아 촉
나라의 황제 자리에 오른다. 촉나라의 정식 명칭은 한 또는 계한이
다. 나라 이름이 한이고, 계한季漢에서 '계季'가 '막내'를 의미하는
것을 비추어볼 때 유비의 국가가 한나라의 정통성을 계승하고자

5

했음을 알 수 있다.

조조의 중국 통일이라는 꿈이 좌절된 결정적 계기는 208년 적벽대전이었다. 손권의 장수 주유가 이 전투에서 조조 군대를 대파하여 결과적으로 조조는 천하 통일의 염원을 이루지 못했고, 훗날 그의 아들 조비가 세운 위나라, 유비의 촉나라, 손권의 오나라의 삼국 시대가 열리게 된다.

역사서 『삼국지』와 역사소설 『삼국지연의』는 이 시대를 바라보는 시각에 차이가 있다. 진수의 『삼국지』는 위나라를 정통으로 보고 있지만 주자학이 관학이던 시대에 쓰인 『삼국지연의』는 촉나라를 정통으로 내세운다. 이는 두 저작의 근본적인 차이점이라고 할 수 있다.

『삼국지연의』는 명나라 초기 나관중이 집필한 역사소설로, 삼국 시대의 설화와 이야기 등 다양한 자료를 바탕으로 쓰였다. 청나라 학자 장학성은 『삼국지연의』를 '7할의 사실과 3할의 허구'로 평가했는데, 특히 3할의 허구 대부분이 촉나라를 위해 할애되었다. 그 중에서도 천재 책사 제갈량과 후에 도교의 신으로 추앙받은 관우에 대한 묘사는 기발한 아이디어가 돋보인다.

이 책은 『삼국지연의』를 기본으로 삼국지 이야기를 정리했다. 거침없는 글을 따라가며 독자들이 삼국지의 세계에 푹 빠질 수 있기를 바란다.

삼국지의 진정한 매력은 등장 인물들이 보여주는 삶의 태도에

6

있다. 요즘처럼 기존의 가치관이 크게 흔들리는 시기에 삼국지의
영웅들이 어떻게 시대를 개척했는지를 배우고 그들의 삶의 방식을
엿보는 일은 현재를 살아가는 데 필요한 통찰을 얻는 좋은 방법이
될 것이다.

와타나베 요시히로

2부

사실보다 더 강렬한 이야기,
『삼국지연의』의 탄생

분열과 통일의 대서사시, 『삼국지연의』

황건적의 난, 『삼국지연의』의 서막을 열다

후한 말기의 '황건적의 난'은 기주 거록군에 사는 장각이라는 인물로부터 시작된다. 그는 과거시험에 낙방한 후 산속으로 들어가 약초를 캐면서 하루하루를 버티고 있었다. 그러던 어느 날, 손에 긴 지팡이를 든 남화노선이라는 노인이 장각 앞에 나타난다. 노인은 책을 주며 "장각아, 너에게 이 『태평요술』이라는 책을 줄 것이니라. 이 책을 얻은 자는 하늘을 대신해 덕 있는 정치를 펼쳐 널리 백성을 구해야 한다. 하늘의 뜻을 거역하면 반드시 화를 면치 못할 것이다."라는 말을 남기고 바람처럼 사라졌다.

장각은 이것을 신의 계시로 믿고 아침저녁으로 『태평요술』을 탐독하며 수행에 정진했다. 마침내 바람과 태풍을 부르는 힘을 얻게 되었고 스스로를 '태평도인'이라 불렀다. 이것이 새로운 종교 태평도의 본격적인 시작이다.

중평 원년(184) 1월, 장각은 자신을 '대현량사大賢良師'라고 부르며 역병으로 고통받는 백성들에게 부적을 나눠주고 영험한 물을 마시게 하며 민심을 얻어갔다. 교단이 빠르게 성장하자 그는 5백 명이 넘는 제자를 각지에 보내 신도들을 모았고 두 동생 장보, 장량도 힘을 보탰다. 제자들은 주문을 외우고 병든 자들에게 부적을 나눠주며 신자를 계속 늘려나갔다. 장각은 전국에 36개의 방을 두고, 각 방마다 지도자를 두어 장군이라고 불렀다. 대방은 1만여 명의 교도를 거느렸고, 소방도 6~7천여 명 정도의 교도를 거느렸다.

장각은 "푸른 하늘은 이미 죽었으니 누런 하늘이 이루어지리."라고 세상을 향해 외쳤다. 이 말은 청주, 유주, 서주, 기주, 형주, 양주, 연주, 예주의 여덟 주로 퍼져서 많은 이들의 마음을 사로잡았다. 이 말의 의미는 '푸른 하늘(청천)' 즉 현재의 부패한 한나라는 끝났으며, '누런 하늘(황천)' 즉 태평도의 새로운 세상이 올 것이라는 뜻이었다.

그리고 마침내 장각은 "후한을 무찌르자! 태평도가 천하를 빼앗아서 백성의 태평을 실현할 것이다!"라는 격문을 돌려 백성들에게 알렸다. 그리하여 중원 원년 2월, '황건적의 난'이 일어나 『삼국지연의』의 서막을 열었다. 이때는 후한의 12대 황제, 영제의 통치 시기였다.

장각은 자신을 천공장군이라 칭했고 장보를 지평장군, 장량을 인공장군이라 부르며 황건군을 지휘하게 했다. 황건군은 태평도의 상징색인 황색의 두건을 쓰고 엄청난 기세로 나라를 위협했다. 그 기세에 눌린 후한의 관군들은 제대로 싸워보지도 못하고 도망치기 바빴다.

이에 당황한 후한의 대장군 하진은 황제 영제에게 "각 지역의 방어를 단단히 하고, 황건적 토벌로 전쟁의 공을 세우자."라는 조칙을 내려 달라는 상소문을 올렸다. 그리고 노직, 황보숭, 주준을 중랑장에 임명하여 세 곳으로 보냈다. 이들은 정예 부대를 이끌고 황건적 토벌에 나섰다. 하지만 50만 명이 넘는 황건적은 이미 각 주로 흩어져 진군하고 있었다.

한편, 유주 태수 유언은 압도적인 숫자의 장각 부대가 유주의 경계를 침범했다는 긴박한 소식을 듣고 곧바로 방문을 내걸어 의병을 모집했다. 이 방문은 탁현이라는 마을에도 붙었는데, 바로 이곳에서 역사를 바꿀 세 영웅이 만나게 된다.

황색의 두건을 쓴 반란군, 황건적

황건적의 난

태평도의 지도자, 장각은 신자와 농민을 규합해서 후한의 지배체제를 무너뜨리고 새로운 나라를 창건하려는 목적으로 '황건적의 난'을 일으켰다.

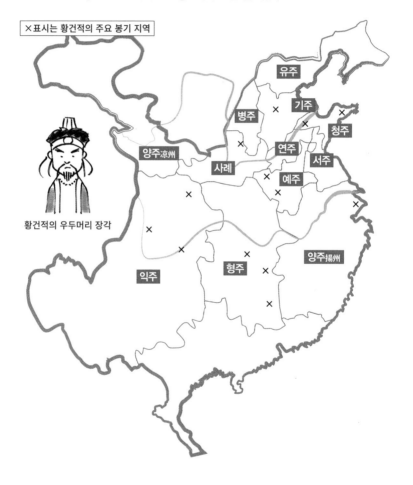

×표시는 황건적의 주요 봉기 지역

황건적의 우두머리 장각

02

유비, 관우, 장비
복숭아밭에서 의형제를 맺다

탁현의 어느 거리, 의병 모집 방문 앞에 한 남자가 서 있었다. 그의 모습은 한눈에 봐도 범상치 않았다. 키는 7척 5촌이며 두 귀는 어깨에 닿을 정도로 길고 팔은 무릎까지 닿았으며, 얼굴은 하얗고 입술은 연지를 바른 것처럼 붉었다.

그의 이름은 유비며 자는 현덕. 그는 전한前漢 경제의 아들 중산정왕 유승의 후손이었지만 현실은 탁군 탁현에서 짚신을 만들어 생계를 잇는 가난한 짚신 장수일 뿐이었다.

유비는 의병을 모집한다는 방문을 바라보며 긴 한숨을 내쉬었다. 그 순간, 등 뒤에서 천둥 같은 목소리가 울려 퍼졌다. "나라의 존망이 걸린 이 중요한 때에 어찌 한숨만 쉬고 있나!" 목소리의 주인은 키가 8척에 달했으며 머리는 표범과 같고 부리부리한 눈에 호랑이 수염이 얼굴을 뒤덮고 있는 대장부였다.

유비가 이름을 묻자 그는 "이름은 장비, 자는 익덕이라 하오. 조상 대대로 탁현에서 살며 전답도 조금 있고 장사도 하고 있소. 천하의 호걸들과 교제하며 지내왔지."라고 자신을 소개했다.

유비도 자신의 출신을 밝히고, "황건적이 나라를 휩쓸며 백성을 괴롭히고 있는데 백성을 구할 힘이 없어 답답한 마음에 한숨을 내뱉은 것이오."라고 한탄했다. 그러자 장비는 "나에게 다소 재물이 있소. 그러니 우리가 마을의 장정들을 모아서 황건적 토벌에 나서지 않겠습니까?" 하고 큰 소리로 우렁차게 말했다. 유비도 바로 승낙했다.

두 사람은 순식간에 의기투합하였다. 그리고 자리를 옮겨 축하 술자리가 시작되었다. 이때 그 자리에 또 한 명의 범상치 않은 거인이 등장했다. 그는 키가 9척에 달하고, 턱수염의 길이는 2척이나 되었다. 잘 익은 대추와 같이 붉은 뺨과 입술이 인상적이며, 봉황 눈에 짙은 눈썹을 가진 그는 위풍당당한 태도를 가지고 있었다.

유비는 마치 구름을 뚫을 듯한 그 거대한 사내에게 자리를 권하며 이름을 물었다. 그러자 그는 "내 이름은 관우, 자는 운장이라 하오. 하동군 해량현 출신으로, 의용군에 합류하고자 이곳 탁현에 왔소."라고 하였다.

세 사람은 속을 터놓고 이야기하다 뜻이 통하자 크게 감격하였다. 장비는 "우리 집 뒤에 복숭아밭이 있소. 지금 한창 꽃이 만개했지요. 내일 그곳에서 하늘과 땅의 신에게 제사를 지내고 우리 세 사람, 의형제를 맺읍시다!"라고 말하며 의욕을 불태웠다.

　유비와 관우에게 반대 의견이 있을 리가 없었다. 세 사람은 이튿날 바로 복숭아밭에 모여 공양물을 준비하고 향을 피워 하늘과 땅의 신에게 절을 올리고, 엄숙히 한목소리로 맹세했다.

　"저희 유비, 관우, 장비는 성은 다르지만 이곳에서 의형제를 맺었습니다. 이후 저희 세 사람은 마음을 하나로 합하여 서로 고통받는 자를 구하고 위기에 처한 자를 도와주며 위로는 나라에 봉사하고 아래로는 백성을 평안케 하고자 합니다. 저희는 한날한시에 태어나지 않았지만 한날한시에 함께 죽기를 바랍니다. 천지신명이시여 저희의 의지를 굽어살피셔서…."

　맹세가 끝나자 세 사람은 유비를 맏형, 관우를 둘째, 장비를 막내로 정하고 축배를 나누며 황건적을 향해 창을 겨누었다.

"우리는 한날한시에 태어나지 않았지만 한날한시에 함께 죽기를 바랍니다."라고 하늘과 땅의 신에게 맹세한 후 유비, 관우, 장비는 난세로 뛰어들었다.

그러나 도원결의는 『삼국지연의』에 등장하는 허구의 장면이다. 그렇다고 해도 이러한 인상적인 장면을 설정할 정도로 세 사람의 결속은 강렬했다고 할 수 있다.

이렇게 유비는 관우, 장비와 두터운 군신의 신뢰관계를 맺었으며 조운과도 매우 깊은 군신의 관계였다. 유비는 혈연으로 이어진 강력한 가문이 없었지만 이들과의 강한 유대관계를 통해 마치 혈족과도 같은 든든한 지지 기반을 만들어낸 것으로 보인다.

03 황건적의 몰락과 새로운 영웅들의 등장

복숭아꽃 아래에서 도원결의를 맺은 그 순간, 누구도 이 맹세가 후일 촉한蜀漢의 씨앗이 될 줄은 몰랐다. 당시 유비의 나이는 아직 28세였고 여전히 후한을 뒤흔드는 황건적의 북소리가 귓가에 울리고 있었다.

유비와 관우, 장비 세 사람이 의병을 모집한다는 소식이 전해지자 가까운 마을의 장정 5백 명이 그들을 따르겠다고 몰려들었다. 그런데 무기와 갑옷, 투구는 어떻게든 마련했지만 말을 살 돈이 없었다. 이때 하늘이 도운 듯 우연히 상인들이 나타났다. 그 상인들은 후한을 구하려는 세 사람의 뜻에 감명받아 도와주겠다고 나섰다. 그들은 말 50여 필과 금은 5백 냥, 철 1천 근을 내놓으며 세 사람의 거사가 이뤄지기를 기원했다. 그 금은과 철로 유비는 쌍고검을, 관우는 무게가 80근이나 되는 청룡언월도를, 장비는 길이가 1장

8척이나 되는 긴 창과 장팔사모를 갖추게 되었다. 장정들의 무기 역시 마련할 수 있었다.

이렇게 무장을 갖춘 유비 군대는 유주 태수 유언에게 달려가 관군과 합류하였고 청주에서 5만의 황건적과 맞닥뜨렸다. 수적으로는 크게 열세였지만 유비의 5백여 명은 용맹을 떨쳤다. 장비의 장팔사모에 황건적 부장 등무가 쓰러졌고, 관우의 청룡언월도에 대장 정원지가 목숨을 잃었다. 두 장수를 잃은 황건적은 혼비백산하여 달아났고, 미처 도망가지 못한 적도 셀 수 없을 정도로 많았다.

유비는 첫 전투에서 대승을 거두며 큰 공을 세웠다. 승리의 기쁨을 만끽하며 술잔을 나눈 후 그는 어릴 적 스승인 노식이 있는 기주 광종현으로 발길을 돌렸다. 중랑장으로 임명받은 노식이 황건적의 우두머리 장각과 맞서 싸우고 있다는 소식을 들었기 때문이다.

유비와 재회한 노식은 "유비, 나는 이곳에서 장각의 15만 군을 5만 군으로 포위하고 있다. 하지만 장각의 동생 장량과 장보가 예주의 영천군에서 황보숭, 주준과 격전 중이다. 1천 명의 관군을 줄 테니 영천으로 가 그들을 도우거라." 하고 명령했다. 유비는 노식의 명에 따라 군사를 이끌고 밤낮을 가리지 않고 영천으로 달려갔다. 하지만 도착했을 때는 황보숭과 주준이 이미 장각의 두 형제를 꺾고 승리한 뒤였다. 장량과 장보는 죽을 힘을 다해 달아나고 있었다.

이 시점에서 『삼국지연의』의 또 다른 주인공, 조조가 등장한다. 7척의 큰 키에 날카롭게 치켜 올라간 눈매를 가진 그는 긴 수염을

날리며 말을 타고 다녔다. 조조는 군대를 이끌고 패배한 황건적을 더 궁지로 몰아넣었다. 조조에게 거의 전멸당할 뻔한 장량, 장보 형제는 달아나는 수밖에 없었다.

예주 패국의 초군 사람으로, 기도위로 임명받은 조조의 자는 맹덕이었다. 아버지 조숭은 본래 하후夏侯라는 성씨였는데, 환관인 중상시 조등의 양자가 되어 조씨 성을 갖게 되었다.

사람 보는 눈이 탁월해 명망이 높았던 허소가 조조를 보고 "치세에는 유능한 신하, 난세에는 간사한 영웅이 될 것이다."라고 평했는데, 조조는 간사한 영웅이라는 말에 기뻐했다고 한다. 조조가 사람의 도리에서 벗어날 수 있는 일종의 걸물이라는 점을 엿볼 수 있는 일화다.

조조의 친족 장군들

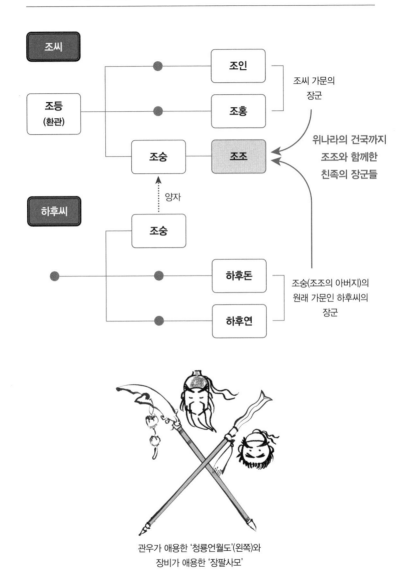

조씨

조등
(환관)

조인

조홍

조씨 가문의
장군

조숭

조조

위나라의 건국까지
조조와 함께한
친족의 장군들

하후씨

↑ 양자

조숭

하후돈

하후연

조숭(조조의 아버지)의
원래 가문인 하후씨의
장군

관우가 애용한 '청룡언월도'(왼쪽)와
장비가 애용한 '장팔사모'

04 황건적의 난 진압과 군웅할거의 서막

대단한 위세를 떨치던 황건적도 우두머리인 장각이 병으로 죽자 빠르게 몰락하기 시작했다. 장량도 황보숭에게 패배하였고, 장보 역시 주준의 공격으로 수세에 몰리다가 부하 장수의 배신으로 목숨을 잃었다.

중평 원년(184) 2월에 봉기한 황건적의 난은 그해 말에 진압되었으나 반란이 완전히 잠재워지지는 않았다. 황건적의 잔당이나 군웅이 각지에서 반란을 일으키며 날뛰기 시작한 것이다. 약탈을 일삼는 백파적, 장연이 이끄는 도적떼인 흑산적, 양주에서 반란을 일으킨 마등과 한충 등의 군웅이 날뛰어 후한은 더욱 무너져 내렸다. 지방의 평화는 크게 위협받았고, 황실의 통제력은 급격히 약화되었다.

그런데 황건적의 난은 왜 일어났을까?

가장 큰 원인은 후한 왕조의 부패였다. 광무제(유수)는 한 왕조를 부활시키고 호족을 지배계층으로 편입시켜 중앙집권제를 꾀하였다. 하지만 4대 황제인 화제 시기부터 외척과 환관의 권력 개입으로 체제는 흔들리기 시작했다. 외척이란 황제의 어머니 일족, 환관이란 황제 곁에서 늘 시중드는 자들이다.

화제 이후 단명한 황제가 많아져 어린 황제가 즉위할 때마다 외척이 실권을 장악했다. 어린 황제는 성장하면서 외척이 지긋지긋해졌고, 이름뿐인 황제로는 만족할 수 없었다. 외척으로부터 권력을 다시 빼앗고 싶었던 것이다. 그때 어둠 속에서 날뛰는 자들이 환관이었다. 이러한 권력투쟁의 반복으로 후한의 정권은 어린 황제 시대에는 외척이, 어린 황제가 성장하면 환관이 그 권력을 탈환하는 구조가 반복되었다.

외척이나 환관 세력 대부분은 권력을 사적으로 이용하여 자기 배만 채웠고 정권은 빠르게 부패했다. 이에 향거이선鄕擧里選(관리등용제도)에 의해 지방에서 중앙으로 추천된 유교의 덕목을 익힌 관료들은 격렬하게 저항했지만 번번이 황제의 권력을 등에 업은 환관들의 승리로 끝났다. 게다가 외척과 환관은 향거이선마저 좌우하여 자신들의 일족이나 자식과 관계된 인물을 추천하도록 했다.

이렇게 부패한 정치 구조 속에서 농민들은 착취에 시달렸다. 피폐해진 농민들은 한나라의 천하는 끝났다고 주장하는 장각의 태평도에 공감하며 황건적의 난에 가담하게 되었다. 이렇듯 황건적의 난은 후한의 부패한 정치에 대한 농민들의 저항이었다.

  결국 황건적도 흩어져 사라졌지만 중국은 곧 새로운 혼란의 시기에 접어들었다. 동탁, 원소, 원술, 조조, 공손찬, 마등, 한수, 손견, 여포, 유언, 유표… 그리고 유비 등 각 지역의 제후들은 중국 역사에서 유례없는 천하 쟁탈전을 벌였고,『삼국지연의』는 이 영웅들의 치열한 경쟁과 책략 그리고 전쟁을 생생하게 그려냈다.

후한 황제 14대의 즉위년과 몰년

헌제   영제   소제

후한 왕조는 제4대 화제 이후 황제가 요절하거나 어린 황제가 즉위하는 경우가 많아져서 외척이나 환관이 득세하기 시작했다. 대체로 어린 황제 시대에는 외척이, 성장한 후에는 측근인 환관이 실권을 잡았다. 그리고 영제 시대에는 그 폐해가 매우 심해졌다. 영제는 환관인 장양을 아버지, 초충을 어머니로 존경할 정도로 우둔한 황제였다.

초대	광무제	25~57년	즉위 31세	62세 몰
제2대	명제	57~75년	즉위 30세	48세 몰
재3대	장제	75~88년	즉위 19세	32세 몰
제4대	화제	88~105년	즉위 10세	27세 몰
제5대	상제	105~106년	즉위 생후 100일	1세 몰
제6대	안제	106~125년	즉위 13세	32세 몰
제7대	소제	125년	재임 200일에 몰	황제로 인정받지 못함
제8대	순제	125~144년	즉위 11세	30세 몰
제9대	충제	144~145년	즉위 2세	3세 몰
제10대	질제	145~146년	즉위 8세	9세 몰
제11대	환제	146~167년	즉위 15세	37세 몰
제12대	영제	168~189년	즉위 12세	34세 몰
제13대	소제	189년	즉위 16세	18세 몰
제14대	헌제	189~220년	즉위 9세	54세 몰

환관의 전횡으로 쇠락하는 후한

황건적의 난이 진압된 후에도 유비는 그 공로에도 불구하고 벼슬을 받지 못했으나 드디어 형주 중산국 안희현의 현위로 임명되었다. 유비는 관우, 장비 외에 20명 정도의 군사를 이끌고 안희현으로 부임한다. 이후 유비는 백성을 위한 선정을 펼쳐 큰 덕망을 얻는다.

부임 후 4개월 정도 지나자 독우가 순찰을 목적으로 현에 방문했다. 독우란 군태수에 속한 관리로 현을 감독하는 시찰관을 말한다. 그 독우는 탐관오리로, 거만한 태도로 유비의 출신을 비난하며 뇌물을 요구하는 기색을 보였다. 유비가 거부하자 유비에게 뇌물죄를 뒤집어씌우려고 현의 관리를 시켜 조서를 작성하게 한다.

이 사실을 알게 된 장비는 화가 머리끝까지 나서 독우를 숙소에서 끌어내어 말을 매어두는 기둥에 묶고 꺾어온 버드나무 가지로 사정없이 후려쳤다. 놀란 유비가 달려오자 장비는 "백성을 해치는 도둑놈은 맞아 죽어도 쌉니다." 하며 태도를 바꾸지 않았다. 마침 나타난 관우도 "독우 따위에게 모욕을 당하신다면 이곳에 있을 이유가 없습니다. 여기는 봉황이 사실 곳이 아닙니다. 차라리 이 녀석을 죽이고 벼슬을 내놓으시죠. 그리고 다음 계획을 세우는 편이 좋겠습니다."라고 말한다.

독우는 필사적으로 살려달라고 애걸했다. 자애로운 유비는 쓴웃음을 지으며 "너 같은 놈은 죽어 마땅하지만 목숨만은 살려주겠다."라고 말하며 황제에게 받은 관리를 증명하는 인수를 독우의 목에 걸고 관우, 장비와 함께 안희현을 떠났다.

한편 지방에서 일어난 사사로운 일 따위는 기록에도 남기지 않을 만큼 큰 지진이 후한의 조정을 덮쳤다.

당시 영제의 측근인 십상시十常侍라 불리는 열두 명의 환관들이 권력을 장악하고 있었는데, 이들은 황건적 토벌로 공을 세워 벼슬을 얻은 사람들에게 뇌물을 요구하고 거부하면 추방하는 극악무도한 전횡을 일삼았다. 황보숭과 주준도 뇌물 요구에 응하지 않자, 환관이 영제에게 상소하여 전부 파면되었다. 후한 말기의 영제와 환제는 환관을 중용하면서 후한을 쇠락으로 이끈 어리석은 자들이라고 할 수 있다.

조정의 부정부패는 눈 뜨고 볼 수 없을 정도로 극에 달해 백성의 원한이 들끓었고 불길한 검은 구름이 끼기 시작했다. 마침내 남방 번국 장사에서 도적 구성이 반란을 일으켰다. 또한 유주 어양군의 원중산 태수 장순과 오환족(북방 이민족)인 구력거가 손을 잡고 거병했다.

이에 대한 상소문이 자주 조정에 올려졌지만 십상시에 의해 묵살되었다. 영제는 이러한 상황에서도 연회에 빠져 지냈고 보다 못한 청렴한 관료가 충언이라도 하면 처형당했다.

다행히 구성의 반란은 환관이 거짓으로 조칙을 만들어 장사군 태수로 임명한 손견이 평정했다. 장순과 구력거의 반란은 유주목 유우가 진압을 맡았다. 이때 유랑하던 유비를 유우가 불러왔고, 유비는 유우의 휘하에서 참전하여 공을 세웠다. 덕분에 독우를 매질한 죄를 용서받은 유비는 청주 평원현의 현령 대행으로 임명된다.

십상시란 누구인가

십상시란 후한 말 영제 시대에 전횡을 일삼던 환관 집단을 말한다. 장양과 조충을 필두로 하운, 관궁, 손장, 필람, 율숭, 단규, 고망, 장공, 한회, 송전 등 열 두 명의 중상시가 속해 있었다.

중상시는 황제 직속 기관인 내조의 소부에 속해 있 었다. 이들은 환관의 관직 중에서 황후부를 관리하는 대장추 다음으로 높 은 지위를 차지했으며 항상 황제 곁에서 여러 가지 일을 담당하였기 때문 에 절대적인 권력을 가졌다.

환관은 남성 기능을 상실하여 여성에 대한 욕망이 없었기에 그 대체 욕망 으로 권력과 재산을 강렬하게 추구했다.

그러나 모든 환관이 부패와 권력 남용에 사로잡힌 것은 아니었다. 예를 들 어 채륜이라는 환관은 후한 초기 화제 시대에 중상시에 등용되어 글자를 목간이나 죽간에 적던 시대에 제지법을 개량해 종이의 실용화에 크게 공 헌한 인물이다. 하지만 대부분의 환관은 국정을 사유화하는 데 열중했다.

3
3

06

환관의 계략과
하진의 죽음

우매한 영제는 중평 6년(189)에 임종을 맞이한다. 그의 사망은 하진과 환관의 목숨을 건 권력 다툼을 표면으로 드러나게 만들었다.

백정 출신의 하진은 여동생이 영제의 장남 유변을 낳은 황후(하후)가 되자 외척으로 대장군까지 벼락출세한 사람이다. 그런데 영제가 총애하던 후궁 왕미인이 유협을 낳자, 하후는 질투심에 사로잡혀 왕미인을 독살한다. 고대 중국에서는 전한의 고조 유방의 황후(여치)를 비롯하여 궁중암투 중 상대를 살해하는 무참한 사건이 많았다.

그리고 유변이 황제가 되자 외척 하진이 나서서 독단적으로 권력을 잡았고, 이에 위협을 느낀 환관 세력은 하진의 암살을 계획한다. 중상시 건석은 임종을 앞둔 영제에게 속삭였다.

"협 황자를 황제로 올리고 싶으시면 후환을 없애기 위해서 하진을 없애야 합니다."

유변보다 유협을 총애했던 영제는 끄덕였고 얼마 지나지 않아 붕어했다. 건석은 십상시와 은밀하게 만나 영제의 죽음을 감추고 하진을 불러 그 자리에서 살해하려는 모의를 꾸민다. 하지만 사마 반은의 경고로 하진은 이를 피할 수 있었고, 환관을 모두 제거할 생각으로 장수들을 자택에 불러 모았다. 그때 궁중에서 사자使者가 도착했다.

사자의 전갈은 "황제가 붕어하신 후 후사를 결정하려고 한다. 입궁하라."라는 명이었다. 마침 그 자리에 있던 조조가 "먼저 새 황제를 세우는 게 중요합니다. 변 황자가 황제가 되지 않으면 장자상속 제도가 무너집니다. 먼저 변 황자를 황제로 세우고 반대하는 환관들을 내치면 좋을 듯합니다." 하고 말했다.

이에 동의한 하진은 "나와 함께 입궁해서 환관들을 제거할 자가 없는가?" 하고 주변의 장수들을 돌아봤다. 그때 나선 사람이 원소였다. 원소의 집안은 4대에 걸쳐 후한 조정의 삼공을 지낸 가문이었다.

"5천 정예군을 내주십시오. 그러면 궁중으로 쳐들어가 환관의 뿌리를 뽑고 변 황자를 새 황제로 옹립하여 천하를 안정시키겠습니다."

결국 건석의 하진 암살 계획은 실패했고, 변 황자는 즉위하여 소제가 되었다. 건석은 목이 베였고, 다음은 환관들의 차례였지만 조용히 제거될 상대가 아니었다. 그들은 하태후(영제의 붕어로 태후가 됨)에게 매달려 목숨을 구걸한 끝에 살아남았다.

이는 하진의 목숨을 빼앗는 결과를 낳고 만다. 하진이 궁중에 들어가 안심하고 있을 때 환관 장양 무리가 하진을 참살한 것이다.

하진은 어차피 소인배였다. 아니, 소인배 이상으로 어리석었다. 그는 환관 세력을 제거하기 위해 제후들을 중앙 정치에 끌어들이고 말았다. 이로써 사납고 용맹한 영웅 동탁이 등장할 무대가 마련되었다.

후한 말 천하를 노리는 제후와 외척

조조

원소

동탁

하진

07 동탁의 황제 폐위 선언과 여포의 배신

동탁은 서량의 군 지휘관이었으나 황건적 토벌에서 공적을 세우지 못한 탓에 문책을 받을 위기에 처했으나, 십상시에게 뇌물을 주어 처벌을 모면한 인물이었다.

이후 그는 수중에 있는 서량의 대군 20만으로 반역을 일으키기 위해 조정의 틈새를 노리기 시작했다. 그러던 중에 마침 조정에서 보낸 조서로 낙양에 진입할 대의명분을 얻는다.

한편 하진이 죽었다는 소식을 접한 원소, 원술, 조조는 군사를 이끌고 궁중으로 진입해서 환관으로 보이는 자면 닥치는 대로 죽이고 다녔다.

장양 무리는 소제와 진류왕(유협)을 인질로 삼아 도주했으나 결국 실패하였고 더 이상 도망갈 수 없다는 것을 깨달은 장양은 강에 몸을 던져 자결하였다.

환관들의 손에서는 벗어났지만 의지할 곳이 없어진 소제와 진류왕은 아직 16세와 9세였다. 어찌할 바를 몰랐던 이 둘은 다행히도 선제 때 사도를 지낸 최열의 동생에게 도움을 받아 무사히 낙양으로 돌아갈 수 있었고, 그때 우연히 만난 사람이 동탁이었다. 동탁이 누군지 묻자 소제는 두려워서 소리도 내지 못하는데 진류왕이 대신 나서서 위엄 있게 대응했다. 이를 본 동탁은 소제를 폐하고 진류왕을 황제로 세우기로 결심했다.

동탁은 군사들을 성 밖에 주둔시키고, 완전히 무장한 기마대를 이끌고 입성한다. 그는 소제를 위협해서 태위에 올라 조정을 장악하였고 주변 사람들을 모두 쫓아냈다. 자신의 세력을 제외한 다른 무장들을 완전히 통제하였고, 성대한 잔치를 열어 황제 폐위를 선언했다. 이에 노식이 이의를 제기하고 형주 자사 정원도 정면으로 반대하였다. 그러자 동탁은 칼을 빼들고 위협하였다. 이때 정원의 뒤에서 방천화극을 든 당당한 모습의 대장부가 눈에 핏발을 세우고 서있었다. 이름은 여포, 자는 봉선으로, 당대 최고의 무장 중 한 명이었다.

그 기세에 압도된 동탁은 칼을 거두었다. 왕윤이 "폐위와 같은 중요한 일은 술을 마시는 자리에서 논의할 일이 아닙니다."라고 충고하면서 겨우 잔치는 마무리되었다.

그러나 여포를 눈앞에서 본 동탁은 '저 녀석은 평범한 자가 아니다. 여포를 내 편으로 만들면 세상에 두려울 게 하나도 없을 텐

데….' 하고 탐냈다.

그때 호분 중랑장 이숙이 "저에게 맡겨주십시오. 여포는 제 고향 친구인데, 용감하지만 꾀가 없고 의리보다 이익을 중요하게 생각하는 자입니다. 먹이를 보여주면 달려들 것입니다." 하고 말했다. 동탁이 "무슨 묘수라도 있는가?" 하고 묻자 "장군이 가지고 계신 하루에 천 리를 달리는 적토마와 금은보화를 들고 가서 구슬리면 바로 정원을 배신하고 동탁공의 부하가 될 것입니다."라고 책략을 내놓았다.

이숙의 말대로 하자 예상대로 여포는 정원을 제거하고 동탁에게 머리를 숙여 의부 관계를 맺었다. 하지만 이것은 배신자 여포의 시작에 불과했다.

후한 황실의 계보

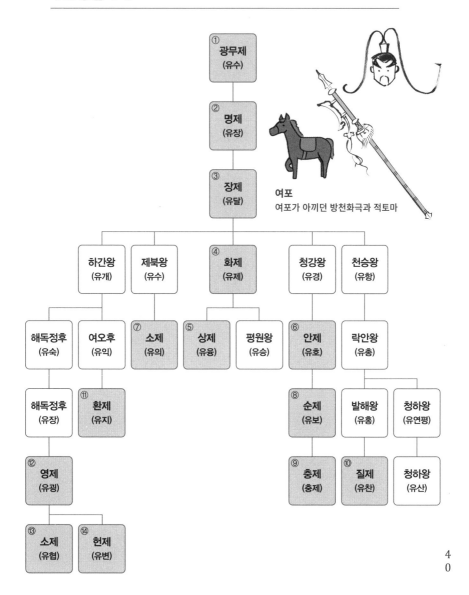

① 광무제 (유수)

② 명제 (유장)

③ 장제 (유달)

여포
여포가 아끼던 방천화극과 적토마

하간왕 (유개) · 제북왕 (유수) · ④ 화제 (유제) · 청강왕 (유경) · 천승왕 (유항)

해독정후 (유숙) · 여오후 (유익) · ⑦ 소제 (유의) · ⑤ 상제 (유융) · 평원왕 (유승) · ⑥ 안제 (유호) · 락안왕 (유총)

해독정후 (유장) · ⑪ 환제 (유지) · ⑧ 순제 (유보) · 발해왕 (유홍) · 청하왕 (유연평)

⑫ 영제 (유굉) · ⑨ 충제 (충제) · ⑩ 질제 (유찬) · 청하왕 (유산)

⑬ 소제 (유협) · ⑭ 헌제 (유변)

08 동탁의 폭정과 제후들의 반동탁 연합 결성

어느 날 원소는 동탁에게 "부덕을 범하지 않은 황제를 폐위하고, 서자인 진류왕을 세우는 것은 반역 행위에 다름 아닙니다."라고 분개하며 그를 비난했다. 동탁은 칼을 뽑아 들고 원소도 칼을 뽑았다. 일촉즉발의 순간에 모사 이유가 중재하여 큰일로 번지지는 않았지만 이 사건을 계기로 원소는 기주 지역으로 달아났다.

결국 동탁은 소제를 황제에서 끌어내리고 진류왕을 헌제로 즉위시켰다. 때는 중평 6년(189) 9월이었다. 그는 소제를 홍농왕으로 강등시키고, 결국 이유를 시켜 소제와 그의 생모 하태후를 시해하였다.

헌제는 꼭두각시 황제일 뿐 모든 권력은 동탁의 손아귀에 있었다. 동탁의 살이 찌고 비대해진 몸처럼 폭정도 커져만 갔다. 내통이 의심되는 관료는 매질로 죽이고, 혼담을 거절한 미망인은 방망이로 때려 죽였으며, 투항한 군사의 혓바닥을 잘라내고 손발을 절단했다.

이러한 상황에서 사도 왕윤은 오로지 개탄만 하고 있었다. 왕윤에게 조조는 "제가 동탁에게 머리를 숙이고 섬기는 이유는 틈을 봐서 놈을 치기 위해서입니다. 사도께서는 칠성보도라는 보검을 가지고 계신다고 들었습니다. 그 검으로 동탁을 찔러 죽이겠습니다. 모쪼록 그 칼을 저에게 빌려주십시오." 하고 말한다. 왕윤은 조조의 각오에 고개를 끄덕이고 칠성보도를 빌려주며 거사의 성공을 빌었다.

동탁은 삼공의 태위로는 만족하지 못하여 승상 자리에 올라 있었다. 조조는 승상부에 가서 단칼에 동탁을 죽이려고 했으나 이루지 못하고, 문책을 당하자 변명하며 결국 칠성보도를 바친다. 동탁이 의심하는 것을 깨달은 그는 고향인 예주 패국의 초현으로 도망쳤다.

그러나 조조는 초현에서 수수방관하고 있지만은 않았다. 주변 자산가에게 투자받아 황제의 이름을 사칭한 거짓 조서를 만들고 의병을 모집하기 위해 각지로 격문을 보냈다. 이는 큰 반향을 일으켰다. 찾아온 사람이 수를 셀 수 없을 정도였으니 말이다. 조씨 가문, 하후씨의 하후돈(자: 원양), 하후연(자: 묘재), 조씨 일족의 조인(자: 자효), 조홍(자: 자렴)이 합류하였고, 이들은 이후 조조의 강력한 힘이 되었다.

동탁은 누구인가

동탁은 양주 농서군에서 태어났고 생년은 미상이다. 『삼국지연의』에서 체격이 비대하다고 묘사되었지만 거대한 체구의 이미지와는 어울리지 않을 정도로 무예에 뛰어났다. 젊었을 때는 양주에서 북방·서방의 오랑캐와 반란을 일으킨 창족 등을 토벌하는 공적을 세웠고 병주 사사와 하동 태수를 역임했다.

그러나 황건적의 난이 일어났을 때는 중랑장으로서 토벌에 나섰으나 패배하여 관직을 잃었다. 황건적의 난이 평정된 후 양주에서 변장과 한수 등의 반란이 일어나고, 다시 중랑장으로 복직한 동탁은 그들을 토벌하여 대승을 거둔다.

영제가 사망한 후 하진 무리는 환관들을 소탕할 계획으로 지방의 장수들을 소집한다. 하지만 하진은 오히려 환관에게 당하고 만다. 궁중에서 소란이 일어났을 때 환관에게 납치되어 방황하던 소제와 진류왕이 우연히 동탁에게 구출되면서 그의 권위가 높아졌다.

동탁은 하진의 남은 군사들을 흡수하고, 정원 휘하에 있던 여포를 시켜 반대 세력인 정원을 살해한 후 여포를 의붓자식으로 삼았다. 또한 정원의 남은 군사도 흡수해서 낙양 최고의 군사력을 지녔다. 원소를 쫓아낸 후에 스스로 사공 자리에 올랐으며 소제를 폐위시키고 헌제를 황제로 세웠다. 이후 소제를 홍농왕으로 강등한 후 소제와 생모인 하태후를 살해한다.

이러한 동탁의 전횡에 대항해 초평 원년(190), 조조와 원소 등이 반동탁 연합을 결성하면서 호뢰관 전투가 시작된다.

동탁

원소도 거짓 조서를 받고서는 3만의 군사를 이끌고 기주 발해군에서 왔으며 조조와 만나 동맹을 맺었다. 또한 소소의 격문을 받은 제후들 중 남양 태수 원술, 기주 자사 한복, 예주 자사 공주, 연주 자사 유대, 하내 태수 왕광, 진류 태수 장막, 동군 태수 교모, 산양 태수 원유, 제북 국상 포신, 북해 태신 공융, 광릉 태수 장초, 서주 사사 도겸, 서량 태수 마등, 북평 태수 공손찬, 상당 태수 장양, 장사 태수 손견이 거병을 하였다.

제후들은 낙양으로 행군하였고, 이 중 공손찬은 같이 노식을 스승으로 모신 유비와 재회했다. 이렇게 유비도 이 반동탁 연합에 합류한다. 이는 조조가 반색할 만한 뜻밖의 일이기도 했다.

09 반동탁 연합의 진군과 관우의 영웅적 활약

초평 2년(191), 반동탁 연합의 제후들은 잇따라 정해진 장소에 도착했고 연합군의 진영은 2백 리(후한 당시 1리는 약 400m이므로 2백 리는 약 80km)에 달했다.

조조가 제후를 모아서 작전을 의논하자, 하내 태수 왕광이 "대의를 도모하기 위해서는 맹주가 필요합니다. 그리고 맹세를 하고 진군해야 합니다."라고 말했다. 이에 조조가 "옳은 말씀입니다. 원소공의 집안은 4대째 삼공을 배출한 명문가니 첫 맹주로 받들어야 합니다."고 대답하자 제후들도 찬성했다.

사양하던 원소도 결국에는 승낙하여 "내 아우 원술로 하여금 군량과 마초를 제후들에게 빠짐없이 나눠주도록 하겠소. 그리고 누군가 사수관 전투의 선봉으로 동탁 군대와 맞서주면 좋겠소." 하고 말했다. 먼저 나선 사람은 원술의 부하이자 용맹하다고 알려진 장사의 태수 손견이었다. 원소도 제후들도 이론의 여지가 없었다. 이렇게 해서 손견은 군사를 이끌고 호뢰관을 공격했다.

사수관의 수비대는 허둥대며 승상부에 급보를 전했다. 술잔치에 빠져 지내던 동탁이었지만 소식을 듣자마자 서둘러 장수들을

호뢰관 전투

호뢰관은 사수관과 같은 지역인데 『삼국지연의』에서는 다른 지역으로 다룬다. 낙양의 동쪽, 수도 방위의 요충지기 때문에 예로부터 전쟁터였다. 위수 서쪽 200m 정도의 거리에 위치한 호뢰관은 양쪽에 산이 포위하고 있는 지형이라 방위에 최적화된 장소였다. 그래서 이곳에 성벽을 둘러싸고 해자를 파서 길을 차단하는 관(요새)을 설치한 것이다.

호뢰관 전투에서 원소가 동탁의 기세에 눌려 전투에 소극적이자 조조를 중심으로 한 포신, 장막 연합군이 공격에 나서지만 동탁 군대의 서영에게 완패한다. 하내 태수 왕광도 여포의 기습에 맥없이 퇴진한다. 『삼국지연의』에서는 이러한 상황에서 역사적 사실에는 없는 관우가 술이 식기 전에 화웅을 베는 허구의 이야기를 삽입해 속을 후련하게 한다.

한편 손견은 부하의 중상모략만 믿고 군량 보급을 게을리한 원술을 책망하며 "내 몸을 내던지는 이유는 위로는 나라를 구하기 위함이고, 아래로는 장군(원술) 가문과의 의리를 지키기 위함이란 말이오. 그런데 장군은 부하가 거짓으로 꾸민 일만 믿고 나를 의심하는 것이오?" 라고 질책했다. 이 말에 당황한 원술은 손견에게 군량을 보냈고 기세를 회복한 손견은 동탁 군대를 격파하는 데 성공한다. 그리고 그는 동탁의 전세가 불리해졌다고 판단하여 장안으로 향한다. 이렇게 손견은 낙양으로 가장 먼저 출발하였고, 그 과정에서 우연히 '전국옥새'를 발견하게 된다.

손견

불러모았다. 여포가 자신이 요격하겠다고 나서자 키 9척에 호랑이 같은 거구의 화웅이 "온후(여포)까지 나설 필요 없습니다. 제가 가겠습니다." 하고 나섰다. 이에 동탁은 화웅에게 군사 5만 명을 주고 사수관으로 보냈다.

사수관에 도착한 화웅은 제북 국상 포신의 동생인 포충의 군대를 격파했다. 반면 부하 장수 호진은 손견의 군대를 당해내지 못했다. 손견은 원소에게 승리를 보고하고 나서 원술에게 군량을 요청했다. 하지만 원술은 손견 혼자서 공적을 세우는 것이 두려워 군량과 마초를 보급하지 않았다. 여기서 반동탁 연합군이 하나로 단결되지 않았음이 드러난다.

손견이 군량 부족으로 화웅에게 패배하자 원소의 제후들은 할 말을 잃었다. 유비와 그 뒤를 따르는 관우, 장비는 그러한 제후들을 냉정히 지켜보고 있었다. 그때 척후병이 달려와 숨을 헐떡이며 '우리에게 도전할 자는 없느냐.'고 묻는 화웅의 전갈을 보고한다.

이대로는 안 된다고 생각한 유섭이 나서지만 목숨을 잃고 만다. 이번에는 반봉이 대척하지만 도리어 당하고 말았다. 그때 나선 사람이 관우다. 하지만 관우는 마궁수일 뿐이었다. 원술이 "궁수 따위가 감히 어디서 나서는가?" 하고 호통을 치자, 조조가 그 사이에 끼어들어 분위기를 가라앉히고 따끈한 술을 따르며 "우선 한 잔 마시고 가게나." 하고 권한다. 관우는 느긋한 태도로 "술은 그대로 두시기를 바랍니다. 바로 돌아와서 마실 터이니." 하고 말이 끝나자마자 말을 몰아 나갔다. 얼마 후 승리의 함성이 울리고 하늘과 땅이 무너질듯한 요란한 소리가 울려 퍼졌다. 본진으로 돌아온 관우는 화웅의 목을 땅바닥에 내팽겨쳤다. 술이 채 식기도 전에 일어난 일이다. 이 사건은 조조가 관우에게 특별한 호의를 갖게 된 계기가 되었다.

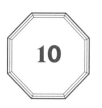

10

동탁과 반동탁 연합의 격돌, 호뢰관 전투

동탁은 화웅이 죽었다는 소식을 듣고 20만의 군대를 둘로 나누어 진군시켰다. 이각과 곽사에게 5만 군대를 주어 사수관으로 가게 하고 자신은 나머지 15만 군사를 거느리고 이유, 여포, 번조, 장제 등과 함께 호뢰관으로 향했다. 호뢰관은 낙양에서 50리 정도 떨어진 중요한 요새였다.

호뢰관에 들어가자 동탁은 여포에게 3만의 군대를 주어 요새 앞에서 진을 치게 했다. 울부짖는 적토마를 탄 여포의 위용은 실로 대단했다. 활통을 어깨에 둘러메고 손에는 방천화극을 든 채 머리는 세 갈래로 땋아 자주빛 속발관을 썼는데 몸에는 붉은 비단 백화포를 걸치고 있었다. 거기다가 머리를 집어삼킬 듯한 짐승 얼굴이 새겨진 갑옷을 입고 허리에는 영롱하게 빛나는 사만대를 두른 그는 연합군이 계속 내보내는 장수들을 차례로 쓰러뜨리며 마치 세

49

상에 적수가 없는 듯 활약했다. 과연 '사람 중에는 여포요, 말 중에는 적토마人中呂布, 馬中赤兔'라고 할 만했다.

여포를 막아선 것은 1장 8척의 장팔사모를 든 장비였다. 두 사람은 50합이나 대결하지만 좀처럼 승부가 나지 않았다. 이것을 보던 관우가 말을 탄 채로 82근의 청룡언월도를 휘두르며 여포를 공격한다. 여포는 오른쪽과 왼쪽에서 공격하는 장비와 관우의 장팔사모와 언월도를 맞받아쳤다. 유비도 두 개의 칼을 양손에 들고 말을 달려 깊숙이 들어간다. 비로소 여포도 당해낼 수 없다고 생각했는지 적토마의 고삐를 돌려 호뢰관으로 달아난다. 유비 삼형제는 여포를 쫓았지만 요새에서 쏟아지는 활과 돌 때문에 어쩔 수 없이 물러설 수밖에 없었다.

여포가 패한 뒤로 동탁의 진영은 사기가 크게 떨어졌다. 이때 이유가 대패의 위기에 처한 동탁에게 낙양을 버리고 전한의 수도였던 장안으로 천도하기를 진언했다. 동탁은 이유의 말에 겨우 안심한 듯 이튿날 군대를 이끌고 낙양에서 철수했다.

그러나 장안으로 이동하면서 동탁의 군대는 잔혹한 행위를 일삼았다. 낙양의 재력가를 포박해서 참살하고 재산을 몰수했으며, 낙양의 성문에 불을 질렀을 뿐만 아니라 마을과 황실의 종묘, 남북의 두 궁전까지 불태웠다. 심지어 역대 황제와 황후의 무덤을 파헤쳐 매장된 보물을 약탈하라는 명령도 내렸다. 군사들은 관리와 백성의 무덤을 파헤쳐 닥치는 대로 값나가는 물건을 모조리 강탈했다. 낙양은 이렇게 폐허가 되었다.

동탁은 손에 넣은 재물을 수천 대나 되는 수레에 싣고 이제 겨우 10세인 헌제를 위협하면서 장안으로 향했다.

한편 연합군은 호뢰관이 껍데기만 남은 상태라고 판단하여 낙양으로 군대를 이동시켰는데, 도착한 낙양은 불길과 검은 연기로 뒤덮여 역겨운 냄새를 뿜고 있었다. 그것을 본 제후들은 군대를 주둔시킨 채 움직일 생각을 하지 않았다.

조조는 원소를 향해 "역적은 서쪽으로 간 모양입니다. 왜 추격하지 않습니까?" 하고 힐문했지만 "군사들이 너무 지쳤소. 추격해 봐야 소용없소."라고 대답할 뿐이었다. 제후들도 "경솔하게 움직이면 안 됩니다."라는 말만 앵무새처럼 반복하였다. 조조는 "자네들 같은 오합지졸과는 함께할 수 없다."며 분개했다.

호뢰관 전투의 제후 세력들 지도

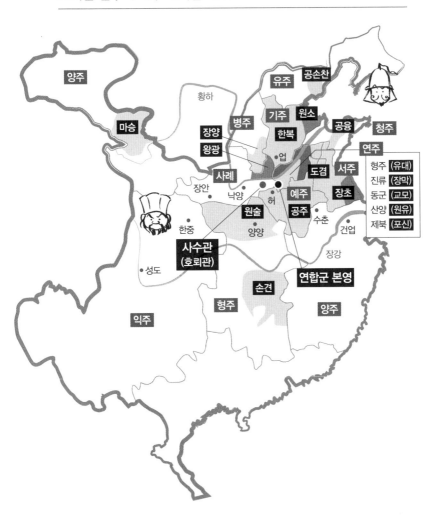

양주

황하

유주 공손찬

마등

기주 원소
장양 병주 한복
왕광 공융 청주

사례 업 연주
장안 낙양 도겸 서주 | 형주 (유대)
허 예주 장초 | 진류 (장막)
원술 공주 | 동군 (교모)
한중 양양 수춘 | 산양 (원유)
사수관 건업 | 제북 (포신)
(호뢰관)
성도 장강
연합군 본영
손견
형주 양주
익주

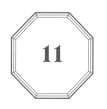

반동탁 연합의 붕괴와
손견의 죽음

제후들을 불신하고 경멸하게 된 조조는 1만여 명의 군대만 이끌고 밤중에 동탁 격퇴에 나섰다. 하지만 치밀한 계획 없이 돌진한 탓에 후미에 매복해 있던 여포에게 완패하고 만다. 후퇴하던 조조는 도망가다가 서영이 쏜 화살에 어깨를 맞고 이젠 끝인가 싶어 하늘을 쳐다봤다. 그때 달려온 이들이 바로 하후돈과 하후연이다. 두 사람은 서영을 찔러 죽이고 조조를 겨우 구해냈다.

이즈음 제후들의 진영에서는 대대로 내려온 '전국옥새'를 둘러싼 소동이 벌어졌다. 낙양에 제일 먼저 도착한 손견이 낡은 우물 속에서 옥새를 발견하고 몰래 소지한 채로 장사로 돌아가려고 한 것이다. 이 사실을 첩자의 밀고로 알게 된 원소는 손견을 질책했다. 손견은 시치미를 떼고, 원소는 절대 발뺌하게 두지 않겠다고 하며 양측의 대립은 칼을 들이대기 직전까지 갔으나 제후들의 중재로

전국옥새 伝國玉璽

은나라
말기의 정鼎
전국옥새

전국옥새(전국새)란 중국의 역대 왕조에서 대대로 황제에게 전승되는 황제용 인장을 말한다. 옥새라고도 부른다.

시황제 이전에는 황제의 권력을 나타내는 상징으로 발 셋 달린 청동기 구정九鼎이 있었다. 하나라 시대에 만들어진 이 상징물은 하나라·은나라·주나라로 전해지지만 진나라가 천하를 통일할 때 사수에 빠져 가라앉아버렸다고 한다. 그래서 진시황제는 구정 대신 황제의 권력을 상징하는 '옥새'를 만들게 했다. 옥새는 전한·신·후한으로 바뀌는 동안에도 계속 전해졌지만 동탁의 난으로 잃어버리게 된다.

『삼국지연의』에서는 그 잃어버린 전국옥새를 손견이 낙양의 낡은 우물에서 발견하고 손견이 전사하면서 아들 손책이 소지하게 된다. 하지만 손책이 옥새를 담보로 원술에게 군사를 빌리면서 옥새는 원술의 수중에 들어가게 되고, 나중에 원술이 황제를 자칭하는 근거가 된다.

역사적 사실에 따르면 서구가 원술이 소지한 옥새를 발견해서 헌제에게 돌려준 것으로 전해진다.

손책

겨우 진정되었다. 하지만 진영에서 나온 손견은 홀연히 낙양을 떠났고 분을 참지 못한 원소는 형주의 유표에게 손견이 형주를 지나가는 길에 옥새를 빼앗으라는 편지를 보냈다.

한편 조조는 화살에 맞은 상처를 안고 본진으로 돌아와 잔치를 베푸는 자리에서 원소를 원망하며 동탁을 처부수려는 계획은 물거품이 되었다고 개탄했다. 제후들도 뿔뿔이 흩어져 자신의 군대를 이끌고 양주로 돌아갔다. 공손찬도 "원소에게는 패기가 없다. 오래 머무르면 이변이 생길 것이다. 우리도 우선 퇴각하기로 하자."라며 유비와 함께 북쪽으로 향했다. 가는 길에 당시 청주에 속해 있던 평원에 도착한 공손찬은 유비를 평원의 국상에 임명하고 자신은 본거지인 유주로 돌아갔다.

연합군 내부에서는 연주 자사인 유대가 식량 문제로 동군 태수 교모를 살해하는 사건까지 벌어진다. 결국 원소마저 진영을 이끌고 관동으로 퇴각했다. 이렇게 반동탁 연합은 붕괴되었다.

한편 유표는 원소의 편지를 읽자마자 손견을 추궁하러 나섰다. 두 사람은 옥새를 두고 실랑이를 벌이다가 결국 서로에게 칼을 겨누게 되었다. 손견은 겨우 위기를 모면하고 장사로 돌아왔지만 이후 유표와는 적이 되었다.

원소와 관계가 틀어진 원술은 유표와도 관계가 좋지 않았기 때문에 손견을 부추겨서 유표를 토벌하게 했고, 손견은 유표의 군대를 격파했다. 하지만 기세등등해진 손견이 혼자 말을 몰고 가다 황조의 복병이 쏜 화살에 맞아 목숨을 잃고 말았다. 이것이 바로 양양 전투다.

장안에서 패권을 장악한 동탁은 손견이 죽었다는 소식을 듣고 가슴을 쓸어내렸다. 그는 매일 호사스러운 술잔치에 빠져 지냈으며 교만함은 하늘을 찔렀다.

한편 사도 왕윤은 동탁을 살해할 방법을 고민하며 우울한 나날을 보내고 있었다. 그러던 중 그는 문득 초선貂蟬을 이용해서 동탁과 여포를 이간질하는 묘안을 떠올리게 된다. 초선은 왕윤 집안의 가기歌妓(노래와 춤으로 시중 드는 기생)로, 뛰어난 미모와 기량을 가진 여인이었다. 과연 왕윤의 계략은 성공할 수 있을까?

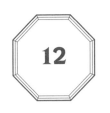

12 초선, 동탁과 여포를 이간질한 전설의 미인

왕윤의 책략을 알게 된 초선은 "대인의 긴 한숨 소리에 마음이 아픕니다. 제가 도움이 될 수 있다면 죽음도 두렵지 않습니다."라고 말한다. 그 갸륵함에 왕윤은 초선의 손을 잡고 "미안하구나."라는 말만 할 뿐 눈물로 목이 메어 말을 잇지 못했다.

왕윤의 교묘한 계책으로 초선이 여포를 포로로 만들고 동탁을 농락하는 과정은 이랬다. 초선이 접근하자 예상대로 동탁은 초선과 한시도 떨어지지 않은 채 정무는 돌보지 않았다. 왕윤의 지략에 따라 초선은 여포에게 동탁의 손길을 피하고 싶다며 눈물을 흘렸다. 질투심에 불타고 있는 여포에게 왕윤은 '한 왕조에게 힘을 빌려주면 온후(여포)는 충신, 동탁에게 힘을 빌려주면 역적'이라고 부추겼다.

드디어 그날이 왔다. 헌제가 동탁에게 제위를 양위할 것이라는 거짓 조서로 유인당한 동탁은 입궁하자마자 백여 명의 근위병에게 포위당했다. 도망치는 동탁이 "봉선(여포)은 어디 있느냐!"고 외쳤지만 여포는 "승상은 역적이다. 조서의 명을 받들어 역적을 참하리라!"라며 방천화극으로 동탁의 목을 베었다. 동탁의 심복이던 이유 역시 처형당한다. 동탁 휘하의 이각, 곽사, 장제, 번조는 동탁이 죽

초선은 누구인가

초선은 중국 역사와 전설 속에서 중요한 역할을 한 가공의 여성으로, 동탁과 여포를 이간질하여 후한 말기의 정세를 뒤흔든 인물이다. 원래 고아였던 초선은 왕윤에게 거두어져 친딸처럼 키워졌으며, 왕윤은 그녀에게 학문과 서예를 가르치며 극진히 아끼고 사랑했다. 초선은 용모가 매우 뛰어나고 성품도 착한 여인으로 자랐다.

왕윤은 동탁의 폭정에 분노하며 초선을 이용해 미인계美人計를 계획한다. 미인계는 삼십육계 중 서른한 번째 계책으로, 두 사람 사이에 질투심을 유발하여 그 관계를 파탄에 이르게 하는 전술이다.

그러나 초선은 가공의 인물로, 정사 『삼국지』에 따르면 여포의 상대는 동탁의 시녀였다고 한다. 여포는 이 시녀와 눈이 맞아 동탁의 눈치를 보게 되었고, 왕윤이 그 틈을 이용해 동탁 살해 계획에 여포를 끌어들인 것이다.

초선이 이후에 어떻게 되었는지에 대해서는 여러 가지 이야기가 있다. 여포가 죽은 뒤에 초선을 둘러싸고 조조와 관우가 싸우다가 관우에게 양보했다는 이야기도 있고, 관우가 초선을 베어버렸다는 설이나 동탁 살해 계획이 성공한 뒤 초선이 자살했다는 설도 존재한다.

초선은 양귀비, 서시, 왕소군과 함께 고대 중국의 4대 미인 중 하나로 꼽힌다.

초선

었다는 소식을 듣자마자 부리나케 군을 끌고 거점인 양주를 향해 달아났다. 초평 3년(192) 4월에 생긴 일이었다.

왕윤은 동탁의 목과 시신을 백성들이 볼 수 있도록 장안의 거리에 두었는데, 보초병이 동탁의 배꼽에 심지를 박아 불을 붙이자 이튿날까지 꺼지지 않았고 기름이 땅으로 흘러내렸다.

여포는 초선을 차지한 것으로 충분히 만족했다. 왕윤은 여포와 황보숭에게 명령을 내려 동탁 일족을 전부 죽이라고 했다. 중국에서는 우두머리가 죽임을 당하면 일족도 모두 살해한다.

가련한 사람은 대학자인 중신 채옹이었다. 동탁은 채옹의 명성을 공경한 나머지 초빙하여 후하게 대접했다. 채옹은 동탁의 죽음에 통곡했고, 이를 들은 왕윤은 "역적 동탁의 죽음을 슬퍼하다니 너도 역적인가." 하고 질책했다. "동탁의 무도함은 증오합니다만 잠시 지극한 대우를 받아서 죽음 앞에 눈물이 나왔습니다."라는 채옹의 변명에도, 왕윤은 그를 잡아서 감옥에 가두어 옥사시켰다.

그러나 왕윤의 권세도 한때일 뿐이었다. 도주했던 이각과 곽사 등이 장안에 상소를 올려 은사를 베풀어 달라고 빌었으나 왕윤은 "이 자들은 동탁과 한패로, 지금 천하에 사면령이 내려졌지만 이 네 사람은 절대 용서할 수 없다."고 일축해버렸는데 이것이 화근이 되었다.

이 사실을 알게 된 모사 가후가 용서받을 수 없다면 장안을 공격해서 왕윤을 없애야 한다고 제안했다. 가후의 책략에 동의한 이각과 곽사, 장제, 번조는 심기일전해서 장안을 공격했다. 여포가 분투했지만 결국 패배했고, 패잔병 백여 명을 이끌고 남양군의 원술에게로 도망쳤다. 왕윤은 이각과 각사에게 죽임을 당하고 만다.

조조와 원소의 세력 확장

13

초평 3년(192)은 중국 대륙의 세력 판도가 크게 변화한 해였다. 왕윤이 공격받고 손견이 사망한 가운데, 조조는 연주에서 황건적의 잔당을 평정하여 청주군을 조직했다. 한편 원소는 계교 전투에서 공손찬을 격파하며 자신의 세력을 확장해 나갔다. 이로써 군웅할거는 원소와 조조 두 세력으로 재편되기 시작했고, 두 영웅의 운명을 결정짓는 전투가 이어지게 된다.

건양 5년(200), 세상에 두 영웅 있을 수 없으니 이 둘은 백마 전투와 관도 전투에서 정면으로 맞서게 된다. 이 두 전투 전, 약 8년 동안의 일들을 살펴보자.

손책은 아버지 손견이 사망한 후 17세의 나이로 원술에게 몸을 의탁했지만 원술은 손책에게서 전국옥새를 빼앗으려 간사하게 행동했고 이를 본 조조는 원술을 '무덤 속의 마른 뼈'라고 비웃었다.

원소, 계교 전투로 하북의 4주를 손에 넣다

계교 전투는 유주 자사 공손찬과 원소 사이의 대결로, 하북의 패권을 결정
지은 중요한 전투였다. 이 전투는 공손찬의 제자 손월이 원술 측에 가담했
다가 죽은 사건을 계기로 시작되었다. 공손찬은 손월의 죽음을 원소의 책
임으로 여겨 분노했고, 원소와의 전투를 결심했다. 이때 유비는 공손찬에
게 "원소는 연합군의 맹주였던 인물입니다. 그를 공격하려면 대의명분이
필요하지 않겠습니까?"라며 충언했으나 공손찬은 이를 듣지 않고 "지금
은 난세입니다. 힘 있는 자가 천하를 차지하는 법입니다."라며 자신의 결
심을 굽히지 않았다.

결국 원소는 계교 전투에서 공손찬을 격파했고, 이 승리로 하북의 4주를
차지하게 되었다. 하북의 4주는 유주, 병주, 기주, 청주로, 이 지역들을 점
령한 원소는 막강한 세력과 영토를 바탕으로 삼국지의 주요 군웅 중 하나
로 자리매김했다.

4대째 삼공을 배출한 명문가 출신인 원소는 이렇게 하북의 넓은 영토를
지배하게 되면서 군웅들 사이에서 압도적인 위치를 차지하게 된 것이다.
한편 유비는 이 과정에서 그의 평생 동료가 될
조운을 만나게 되었다.

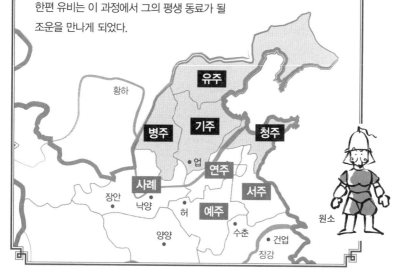

삼국지

원술은 자가 공로고, 사공 원봉의 적자다. 원소는 아버지가 서출이지만 덕망이 높았다. 그러한 원소를 몹시 질투한 원술은 원소의 출신을 자주 도마 위에 올리는 도량이 좁은 사람이었다. 그래서 원술과 원소는 사이가 좋지 않았다.

초평 4년(193), 원술은 광정 전투에서 조조에게 대패하여 거점인 남양군을 버리고 양주로 달아난다.

이 시기에 조조의 진영은 더욱 강화되었다. 우선 명사 순욱(자: 문약), 그의 조카인 순유(자: 공달)가 조조에게 몸을 맡겼고, 순욱이 추천한 정욱(자: 중덕), 곽가(자: 봉효), 유엽(자: 자양) 등의 명사가 조조를 섬기게 된다. 무장 우금, 전위, 허저 등도 모여들었다. 이렇게 지혜로운 신하와 용맹스러운 장수가 조조를 따르게 되면서 그의 위세는 산동 지방을 장악하게 되었다.

그러나 조조에게 다시 위기가 찾아온다. 그의 생부 조숭이 조조의 근거지로 가던 중에 서주를 지나게 되었는데, 주목 도겸의 명령으로 호위를 하던 장개에게 살해당하는 뜻밖의 사건이 벌어진 것이다.

이에 조조는 자신의 생부를 살해한 도겸을 죽이려고 서주로 진군한다. 수적으로 도저히 이길 수 없던 도겸은 청주 사사 공융에게 원군을 요청한다. 공융(자: 문거)은 공자의 20대손으로 문필에 탁월한 사람이며 나중에 시문에 뛰어난 일곱 문인을 말하는 '건안 칠자建安七子'에 포함되기도 한다.

6
3

공융은 도겸과 교류가 있었기 때문에 원군을 승낙하고 청주 평원의 국상 유비에게도 군대를 요청한다. 유비는 3천의 군대를 이끌고 공융 진영에서 합류하여 서주로 이동했고, 도겸 군대의 방위를 단단히 했다.

조조는 서주의 백성을 닥치는 대로 학살했다. 그때 연주 명사 진궁이 장막을 부추겨서 장막에게 의탁하던 여포를 끌어들여 조조 타도의 깃발을 걸게 한다. 여포는 장안에서 벗어난 후 원술, 원소, 장양을 의지하다가 이때 장막에게 신세를 지고 있었던 것이다.

이에 당황한 조조는 근거지로 돌아가서 맞서지만 결국 패배하고, 그의 운명은 절벽으로 내몰리게 된다.

유비의 서주 통치와 조조의 헌제 옹립

조조의 급박한 상황을 알게 된 전위가 쌍철극을 휘둘러 조조를 구출하였다. 마침 하태후 부대도 달려와 조조는 겨우 궁지에서 벗어나게 되었다.

해가 지나고 흥평 원년(194), 도겸은 자신의 죽음을 앞두고 세 번에 걸쳐 유비에게 서주의 통치를 부탁했다. 서주를 가로챘다는 오명을 쓰는 것을 원하지 않았던 유비는 고집스럽게 거절하다가 서주 소패성을 수비하게 되었다. 하지만 도겸이 사망하면서 어쩔 수 없이 서주를 맡게 된다.

연주 견성에 있던 조조는 이 소식을 듣고, "유비는 가만히 앉아서 서주를 손에 넣었다. 당장 그자를 처단하고 도겸의 무덤을 파헤쳐서 시체를 갈기갈기 찢어 아버지의 원한을 풀어드릴 것이다."라고 하지만 순욱이 "지금은 싸움으로 여포에게 빼앗긴 복양을 다시 찾아오는 일이 우선입니다."라고 진언한다.

흥안 2년(195), 조조는 순욱의 의견에 따라 연주 복양을 탈환하기 위해 출전한다. 전위를 선봉으로 한 조조 군대는 용맹하지만 전술이 부족한 여포를 물리치고 복양을 탈환하였다. 이렇게 정도 전투에서 패배하여 갈 곳을 잃은 여포는 유비가 있는 서주로 도망칠 수밖에 없었다.

같은 해, 장안에서는 이각과 곽사의 격전이 벌어졌고 이각이 헌제를 납치하는 사건이 발생했다. 하지만 헌제는 탈출에 성공해 1년간의 도피 끝에 건안 원년(196) 7월, 낙양으로 돌아왔다.

조조는 헌제가 낙양으로 돌아왔다는 사실과 동시에 이각과 곽사의 군대가 낙양으로 진격한다는 소식을 듣게 된다.

군사를 일으켜 천자를 받들어서 백성들의 한 왕조 부흥의 기대에 부응하면 큰일을 이룰 것이라는 책사 순욱의 조언에 따라 조조는 하태후를 지휘관으로 삼아 낙양으로 향했다. 전투에서 승리를 거둔 조조는 이각과 곽사의 군대를 괴멸시켰고, 두 사람은 산적으로 전락했다.

조조는 사례교위에 임명되어 상서의 정무를 보게 되었다. 그는 황폐해진 낙양을 재건하기는 어렵다고 판단해 예주의 허도로 천도를 단행했다. 새로운 거점인 허도에서 조조는 둔전제를 실시하며 권력 기반을 공고히 했다.

다른 한편으로 조조는 유비와 여포가 손을 잡으면 큰 위협이 될

조조의 둔전제

둔전제는 원래 군량을 확보하기 위한 제도였다. 전쟁이 없는 동안에 군인들이 주둔지에서 농사를 짓는 농업 방식이었다. 조조는 기존의 군둔뿐 아니라 농민에게 토지를 부여하는 '민둔'도 시행했다. 조조의 이러한 둔전제 방식은 남북조 시대 북위부터 당나라에 걸쳐 시행된 농민에게 논밭과 황무지를 빌려주고 수확 일부를 나라에 세금으로 바치는 '균전제'의 원류다. 토지의 소유를 대토지 소유자(호족과 명사)가 독점하게 두지 않고 농민에게도 나눠주어 균등하게 하려는 발상은 주나라의 '정전제'에서 시작되었다. 전한 말기 애제의 한전제, 신나라 황제 왕망의 왕전제는 이러한 토지 제도를 모델로 삼았다.

이 제도를 시행하려면 호족의 토지를 몰수해서 분배해야 했다. 물론 호족이 순순히 따를 리가 없으니 치세가 혼란해지기 쉬웠다. 후한을 재건한 광무제도 처음에는 호족의 토지를 몰수하는 정책을 시행했지만 순조롭게 이루어지지 않았다. 그래서 호족을 중앙관료로 편입하여 그들에게 지방을 통치하게 하는 방식으로 바꾸었다.

조조도 대토지는 건드리지 않고 전쟁으로 황폐해진 채로 방치된 토지를 정비하고 도망쳐 흩어진 유랑민을 불러들여 경작하게 했다. 볍씨와 농사용 소를 빌려주고 수확의 60%를 세금으로 거두는 제도였다. 둔전제는 성공했고, 군량은 풍부하게 축적되었다. 이 제도는 앞으로 원소와 벌이게 될 관도 전투에 앞서 풍부한 군량과 재력을 쌓는 데 기여했다.

조조

것을 염려했다. 순욱에게 계책을 물으니, 순욱은 두 호랑이가 서로 잡아먹게 하는 소위 이호경식지계二虎競食之計를 제안한다. 이것은 유비와 여포 사이를 틀어지게 하는 계략이었는데, 결국 유비에게 간파되어 실패한다. 다음 계책은 구호탄랑지계驅虎吞狼之計였다. 이 계책은 원술에게 유비가 자신을 공격하려 한다는 거짓 정보를 흘리고, 동시에 유비에게는 황제의 명으로 원술을 토벌하라고 명령하는 것이다. 즉 유비와 원술 간에 싸움을 붙이고, 여포는 딴마음을 품게 하는 방법이다. 유비는 이것도 조조의 간계라고 간파했지만 황제의 명령은 어길 수 없어 결국 군대를 일으켜 원술을 공격하게 되었다.

15 여포가 서주를 강탈하자 조조에게 의탁하는 유비

원술은 유비가 자신을 치려고 조정에 상소하여 자신이 다스리는 양주 회남을 공격할 것이라는 말을 들었다. 그것이 조조가 흘린 거짓 정보라는 것을 생각지도 못한 그는 공격에 대항하기 위해 기령에게 10만의 군사를 주어 서주로 진격하게 한다.

조조의 예상대로 여포는 그 틈을 노려 서주 하비성을 강탈한다. 원술은 그 소식을 듣자마자 여포에게 사자를 보내어 식량과 말, 금은 등을 줄 터이니 협공하여 유비를 치자고 부추겼고 여포는 원술의 제안을 받아들인다. 하지만 이 약속은 거짓이었다. 그러자 여포는 유비를 이용해 원술에 대항하기 위해 유비에게 서주로 돌아오라는 내용의 편지를 보낸다. 결국 유비는 서주로 돌아와 서주를 여포에게 넘겨주고 자신은 소패성으로 들어갈 수밖에 없었다.

원술은 충분히 만족하며 승리의 잔치를 열었다. 그때 손책(자: 백부)의 숙부 오경이 양주 사사 유요에게 공격을 당하고 있으니 전국 옥새를 담보로 수천의 군사를 빌려달라고 부탁한다.

원술은 흐뭇해하며 옥새를 손에 넣고 손책에게 군사를 빌려주었다. 손책은 원술의 꿍꿍이를 모른 채 크게 감사하며 주치, 여범, 아버지 손견의 장수 정보, 황개, 한당 등과 함께 군대를 이끌고 출격한다. 그는 운 좋게도 진군하던 중에 의형제를 맺었던 동년배 주유(자: 공근)와 우연히 만난다. 주유는 형제의 거병이니 함께하겠다며 합류했다. 게다가 강동의 두 장수로 존경받는 서주 출신 명사 장소(자: 자포)와 광릉 출신 장굉(자: 자강)까지 영입한다.

유요와의 전투는 장소의 전술이 통하여 손책의 대승으로 끝났다. 손책은 파죽지세로 승리를 거듭하며 장강 하류 지역인 강동 지방까지 평정하게 된다.

손책은 각 지역에 부장을 배치해서 요새를 지키게 하고 허도의 조정에 부탁하여 조조와 친분을 맺는다. 원술에게는 결과를 보고하고 옥새의 반환을 요청했지만 원술은 무시한다.

원술은 여포의 도움을 받아 유비를 전멸시키려고 이번에는 여포에게 식량과 재물을 보냈다. 여포는 참모 진궁의 조언을 받아 원술의 계략에 넘어가지 않았다. 그는 원술의 무장 기령과 유비의 화해를 주선하기도 한다. 하지만 장비와의 싸움이 계기가 되어 결국 여포는 소패성을 공격한다.

유비는 여포에게 대항할 방법이 없어 일단 조조에게 의탁하기 위해 허도로 달아난다. 과연 유비를 치려고 했던 조조는 그를 받아주었을까?

어제의 적은 오늘의 벗, 오늘의 벗은 내일의 적이다. 조조는 지금은 포용력을 가지고 궁지에 빠진 새를 새장에 넣고 돌보며 먹이를 줄 때라고 생각했다. 그는 분명 '담력은 크게 가지되 주의는 세심해야 한다.'는 '담대심소胆大心小'의 영웅이었다. 지금은 영웅을 기용해야 할 때라고 판단한 조조는 유비를 예주 목사로 임명하여 부임시키고, 이어서 여포에게 공격당한 소패성에 주둔하게 했다.

후한 말 군웅할거 지도

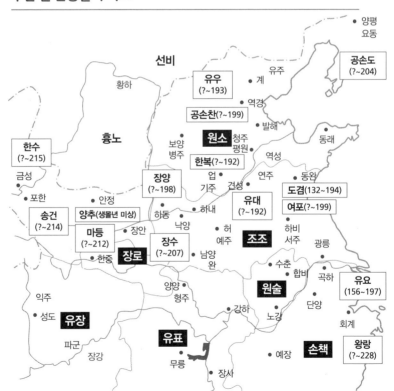

원술의 황제 자칭, 그리고 여포의 최후

건안 2년(197), 옥새를 손에 넣은 원술은 이를 빌미로 후한 헌제를 무시한 채 스스로를 황제라 칭하기에 이른다.

세력 확장을 위해 원술은 태자로 세운 아들의 왕후로 여포의 딸을 맞이하려고 했지만 여포의 거절로 혼사는 무산된다. 화가 난 원술이 여포의 서주를 공격하지만 이 역시 실패한다. 회남으로 돌아온 원술은 이번에는 강동의 손책에게 여포를 토벌하라는 명령을 내리지만 손책은 옥새를 빼앗아 제멋대로 황제라 자칭하는 원술이 '후한 왕조의 역신'이라며 절연한다.

이리 치이고 저리 치이던 원술의 운명은 기울어졌다. 9월에 조조가 원술을 토벌하기 위한 군사를 일으키고 여기에 유비가 합류하여 원술을 괴멸시킨 것이다.

원술은 2년 후 병으로 쓰러지면서 죽음을 맞이한다. 식량은 동이 나고 여름 더위에 꿀물이 먹고 싶어도 한 방울도 얻을 수가 없었다. 털썩 침대에 앉은 원술은 "천하의 원술이 이렇게까지 몰락하다니!"라고 탄식하며 피를 한 말이나 토한 뒤 숨을 거두었다고 한다. 그리고 그가 횡령한 옥새는 그사이에 서구가 빼앗아 조조에게 헌상했다.

건안 3년(198) 9월, 여포는 조조가 유비를 끌어들여 자신을 토벌하려 한다는 밀서를 입수하고 선수를 쳐 소패성의 유비를 공격한다. 소패성은 함락당하고 유비는 다시 조조에게 의탁하게 된다. 조조는 유비의 도움 요청을 받아들여 서둘러 소패성을 탈환한 후 곧바로 하비성을 공격해서 결국 여포를 붙잡았다.

조조가 문루에 올라가 여포를 내려다보자 여포는 "네 고민의 씨앗이던 여포가 여기 잡혀 있다. 조조가 보병을 이끌고 이 여포가 기병을 이끈다면 천하는 쉽게 장악할 수 있다. 어떤가."라며 목숨을 구걸했다.

조조는 유비를 돌아보며 "자, 어떻게 하면 좋겠소?" 하고 묻는다. 유비는 일말의 관용도 없이 "여포는 두 양부(정원과 동탁)를 배신해 죽인 자입니다."라고 냉담하게 대답했다.

"귀 큰 녀석, 네 녀석이야말로 가장 신용할 수 없는 놈이다!" 이 말은 여포가 남긴 마지막 말이 되었다. 그는 진궁 등과 더불어 조조에게 교살당했으며 그의 머리는 마을에 걸렸다.

여포가 목숨을 구걸할 때 여포 휘하의 장요(자: 문원)는 여포의

여포는 누구인가

여포는 『삼국지』에서도, 『삼국지연의』에서도 최강의 무인으로 묘사되는 인물이다. 『삼국지』 '여포전'에는 다음과 같이 적혀 있다.

> 여포는 말과 활쏘기와 기마에 능하고 완력과 용력이 뛰어나서 비장이라 불렸다.(『삼국지』 제7권, 여포전)

여기서 비장이란 '비장군'이라고 불리던 전한의 명장, 이광을 말하며 여포는 그 이광에 비견되었다.

정원과 동탁을 배신하고 살해한 일은 너무 강렬한 사건이다. 특히 배신을 해도 자책하지 않는 태도가 인상적이다. 그는 군웅답게 호기롭고 용감했으며, 외모도 출중해 경극 등에서도 미남자로 등장한다. 실제 여포가 미남자였다면 그의 잔혹함은 한층 두드러졌을 것이다.

여포에 관해서는 다양한 전설이 전해진다. 그가 아끼는 방천화극은 용의 화신이라 여겨졌고, 그의 탄생 순간에 산이 붕괴했는데 여포가 스스로 탯줄을 끊고 우뚝 섰다는 이야기도 있다. 또한 그의 눈은 번쩍번쩍 빛났다고 전해진다. 이렇게 영웅호걸에게는 황당무계한 전설이 따라붙는다.

여포

실제 여포는 활쏘기와 기마술, 검술에 뛰어난 재주를 가졌고 지휘자로서도 훌륭했다. 다만 아쉽게도 깊은 사고력과 통찰력은 부족했던 것으로 보인다. 하지만 여포는 자신의 감정에 솔직한 인물이었으며 자신감에 차 있는, 좋게 말하면 소년 같은 행동을 하는 남자였다. 이러한 여러 가지 특성들은 여포를 매력이 넘치는 인물로 만들었다.

비겁한 태도를 꾸짖었다. 장요는 정원, 동탁, 여포를 모시던 자로 충의만은 누구도 따를 자가 없었다. 이를 알고 있던 유비와 관우는 조조에게 부탁해서 장요의 목숨을 구해주었다. 장요는 이후 조조의 부장이 되어 활약하게 된다.

한편, 권력이 커진 조조는 헌제조차 무시하는 전횡을 일삼았다. 이에 헌제의 숙부 동승이 마등(자: 수성)과 유비를 끌어들여 조조를 타도하려는 계획을 세웠다. 하지만 이 모의가 누설되어 조조는 유비의 반역 모의를 알게 되었다.

유비의 도망과 관우의 조건부 항복

건안 4년(199) 말, 군웅들의 세력 판도에 큰 변화가 일어났다. 유우, 공손찬, 한복, 장양, 유대, 도겸, 여포, 원술, 유요 등이 무대에서 사라졌고 공손찬은 원소와의 대립 끝에 대패하여 자멸했다.

남은 군웅은 원소, 조조, 양주涼州의 마등, 형주의 유표, 익주 한중의 장로, 양주揚州의 손책, 영토를 갖지 않은 유비 정도였다. 그중에서 가장 강한 세력은 공손찬을 격파하고 기주, 청주, 유주, 병주의 하북을 수중에 넣은 원소 그리고 서주, 연주, 예주를 손에 넣은 조조였다. 하지만 군사력 면에서는 원소가 조조를 압도했다.

2년 전 유비는 조조에게 패한 원술이 기주의 원소에게 의탁하려 할 때 조조의 명령으로 서주에서 그를 막았고 결국 원술은 실의에 빠져 지내다 병사했다. 그런데 이제 상황이 뒤바뀌었다. 유비는 조조에게 반역을 모의했다는 사실이 발각되어 위기에 놓였다. 서주에 머무르던 유비는 궁여지책으로 원소에게 구원을 요청하는 서신을 보냈다.

원소는 "유비는 동생 원술의 원수이던 녀석이다. 마음 같아서는 편지를 찢어버리고 싶지만 조조가 조정을 농단하는 꼴은 간과할 수 없다. 지금은 유비를 도와줄 수밖에 없다."라고 말했다. 그는 기실(서기)인 진림에게 조조 탄핵의 격문을 쓰게 했다. 진림이 쓴 "조조는 악랄하고 극악무도하며 방자하기 짝이 없는 자다."라는 내용의 격문에 원소는 매우 흡족해했다. 그는 이 격문을 곳곳에 게시하고 관도로 출병했다.

조조는 이 격문을 읽자마자 문장의 훌륭함에 탄복했다. 이는 조조의 넓은 도량을 보여주는 일화다. 하지만 조조는 20만의 군대를 이끌고 서주로 출발했다. 자신이 없는 틈을 타 원소가 허도를 습격할지 몰라 불안했지만 곽가가 "원소는 별 볼일 없는 자로 참모까지 서로 으르렁거리며 싸우고 있으니 걱정하실 필요 없습니다."라고 말하자 유비 토벌을 결의했다.

조조에게 공격받은 유비는 당해낼 수가 없었다. 처참하게 격퇴되어 장비와 부하들은 뿔뿔이 흩어지고, 유비만 홀로 말을 달려 원소에게로 도망쳤다.

이 전투에서 관우는 유비의 두 부인(감부인, 미부인)을 보호하기 위해 필사적으로 하비성을 지켰다. 조조는 관우의 용맹함과 의리에 특별한 감정을 품고 있었다. 그래서 항복시킬 방법이 있는지 신하들에게 물었다. 그때 과거 관우가 목숨을 구해준 적이 있는 장요가 관우를 설득하겠다며 하비성으로 출발했다.

관우는 장요의 설득에 "나는 조조가 아닌 한나라 황제에게 항복하는 것일세. 형수님들을 정중히 모셔야 하네. 유비 형님의 행방을 알게 되면 나는 형님에게 돌아갈 것이니."라며 항복하는 조건으로 세 가지 약속을 요구했다. 놀랍게도 조조는 이 모든 조건을 수용했다. 이는 조조의 넓은 도량과 뛰어난 인재 등용 능력을 보여주는 사례다. 이로써 관우는 조조 진영에 합류하게 되었고, 유비는 원소에게 의탁하게 되었다.

뛰어난 군지휘관, 순욱과 곽가에게 '조조와 원소'에 대해 물어봤다

성격은?	원소는 예의와 예법을 중시하지만 조조는 자연스러운 흐름에 맡긴다.
인덕은?	조조는 진심으로 사람을 대하지만 원소의 명예욕은 지나치다.
자애는?	원소가 대우해주는 사람은 가까운 사람뿐이다. 조조는 두루두루 빈틈없이 배려한다.
정의는?	원소는 천자를 거역했지만 조조는 천자를 따르며 통솔하였다.
도량은?	원소는 대범해 보이지만 의심이 많다. 조조는 놀라울 정도로 적재적소에 사람을 배치한다.
계책은?	원소는 우유부단해서 몇 번의 계책에도 기회를 잃었다. 조조는 훌륭한 계책을 보면 바로 결단하고 기회를 놓치지 않는다.

전술은?	원소의 전술은 조잡해서 병력을 낭비한다. 조조는 공이 있는 자에게 반드시 상을 주고, 죄가 있는 자에게는 반드시 벌을 내린다.
덕행은?	원소는 명문 자랑하기를 즐기고 평판을 걱정하는 성격이다. 그에 반해 조조는 행실이 소박하며, 성과주의를 강조한다.
전략은?	조조는 소수로 다수를 이길 정도로 전략이 뛰어나지만 원소는 허세뿐으로 전략과는 거리가 멀다.
치세는?	원소는 유연한 관용을 보였고, 조조는 신상필벌의 원칙에 따른 치세를 펼쳤다.
총명함은?	원소는 참언에 마음이 동요되지만 조조는 그러한 것에는 흔들리지 않는다.

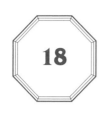

조조와 원소의 전초전, 백마 전투

18

드디어 조조와 원소는 '관도'에서 충돌하게 된다. 그 전초전은 백마에서 벌어졌다.

건안 4년(199), 조조는 원소가 10만의 군대를 이끌고 기주 업성으로 진격하기 시작했다는 정보를 입수했다. 선제공격을 결심한 조조는 8월에 황하의 북쪽 여양으로 진군하여 공격을 개시했다. 동시에 동쪽의 청주에 군사를 파견하고 우금에게는 황하를 건너 원소의 움직임을 견제하게 했다. 또한 일부 군대로 하여금 관도를 수비하게 했다.

운 좋게도 2년 전인 건안 2년(197) 11월에 조조의 아들 조앙과 친위대장 전위를 기습 공격했던 장수가 가후의 설득으로 항복했다. 이로써 측면의 위협이 사라진 조조는 직접 관도로 군사를 이끌고 가서 결전을 준비했다.

한편 원소는 건안 5년(200) 2월, 대군을 여양에 진군시키고 안량에게는 백마를 지키는 유연을 공격하라고 명령한다. 조조는 참모 순유의 계책을 받아들여 황하를 건너 안량의 배후를 치는 척하며 혼란을 일으키고, 그 틈을 타 날쌘 기병으로 백마를 공격하는 전술을 썼다.

원소는 순유의 책략에 넘어가 군대를 두 개로 나눠 배치시켰다. 그것을 예상한 조조는 관우와 장요를 백마로 보내어 신속히 공격하게 했다.

관우는 조조가 여포를 처형하고 하사한 적토마를 타고 청룡언월도를 든 채 한 치의 망설임도 없이 적진으로 뛰어들었다. 그 기세에 벌벌 떨던 원소 군대는 양쪽으로 갈라지고, 관우는 아무 방해

백마 전투

조조 휘하에서 관우는 사자분신獅子奮迅의 활약을 펼친다. 그는 적토마를 타고 원소 군대의 적장을 일도양단一刀兩斷으로 격파하였다.

적토마

적토마는 『삼국지연의』에서 하루에 천 리를 달리는 전설적인 명마로 묘사된다. 서방과의 교역으로 들어온 한혈마汗血馬라고도 한다. 이는 '피땀을 흘리며 달리는 말'이라는 뜻이다.

'사람 중에는 여포고, 말 중에는 적토마다.'라고 할 정도로 여포와 적토마는 유명한 조합이었다. 하지만 적토마의 최초 소유주는 동탁이었다. 동탁은 여포가 정원을 배신하게 만들기 위해 여포에게 적토마를 선물로 주었다.

조조가 여포를 잡았을 때 적토마도 조조의 소유가 되었다. 하지만 적토마는 성질이 사나워 아무나 다룰 수 없었다. 조조는 이 말을 관우에게 주었고, 관우는 적토마를 훌륭하게 길들였다고 한다.

조조는 관우를 자신의 휘하에 두고 싶어서 많은 선물을 보냈지만 전혀 관심을 보이지 않았다. 하지만 적토마를 받았을 때는 진심으로 기뻐했다. 관우는 "이제 형님(유비)이 계시는 곳을 알게 되면 빨리 찾아갈 수 있겠습니다."라며 조조에게 감사한다. 이러한 예상 밖의 반응에 조조는 후회했다고 한다.

나중에 관우가 오나라 여몽에게 목숨을 잃자 적토마는 음식을 끊어 굶어 죽었다고 한다. 이는 주인에 대한 준마의 깊은 사랑과 충성을 보여주는 이야기다.

없이 전장을 질주해 안량에게 다가갔다. 안량은 믿을 수 없는 상황에 놀라 넋을 놓다가 정신 차릴 새도 없이 청룡언월도에 목숨을 잃었다.

관우는 말에서 내리자마자 안량의 목을 베고 적토마에 올라타 적진을 빠져나왔다. 적군은 이 광경을 보고 그저 놀라움과 두려움에 사로잡혔고 가로막는 군사조차 없었다. 마치 관우가 아무도 없

82

백마 전투의 공략도

참고 자료: 「삼국지 운명의 12대 결전」

는 황야를 홀로 질주하는 듯했다.

조조 군대는 혼란에 빠진 원소 군대를 몰아붙여 대오를 무너뜨렸다. 백마 전투는 이렇게 조조의 승리로 끝났지만 이것은 아직 사전 연습에 불과했고 전면전이 기다리고 있었다.

"안량이 전사했습니다."라는 소식에 원소는 낙담했지만 곧 "안량과 저는 형제나 다름없습니다. 이 원한을 풀게 해주십시오."라는 우렁찬 목소리가 들려왔다. 8척의 거구에 성난 소 같은 얼굴을 한 하북의 맹장 문추였다.

　참모 저수가 경솔한 출격을 만류했지만 원소는 그 말을 무시한 채 문추에게 7만의 군사를, 유비에게는 3만의 군사를 주어 후방 부대를 지휘하게 했다.

유비가 보낸 편지에 관우가 눈물을 흘리다

조조는 문추의 공격을 예상하고 미끼로 식량과 군마를 버려두었다. 조조의 전략을 간파하지 못한 문추의 군사들은 식량을 모으느라 정신이 없었고, 이때 조조군의 기습 공격을 받아 혼란에 빠졌다.

도망치는 문추를 뒤쫓은 이는 장요와 서황이었다. 하지만 강하고 용감한 문추는 두 사람에게 반격한다. 그 기세에 눌린 장요와 서황은 말머리를 돌리는데, 이때 질풍처럼 뛰어든 사람이 관우였다.

문추는 관우의 위용에 전의를 상실하고 달아나려 하지만 적토마는 순식간에 추격해왔고, 결국 관우의 칼에 찔려 목숨을 잃었다.

조조는 이 기회를 놓치지 않고 문추군을 황하로 몰아냈다. 안량과 문추 같은 명장을 잃은 원소군은 사기가 크게 떨어졌고, 양무까지 군사를 후퇴시켰다. 조조는 이렇게 관도를 평정하고 허도로 돌아갔다.

일련의 전투는 이렇게 조조의 대승리로 끝난다. 이후에도 관우는 가끔 출병해서 적을 격파하지만 그의 마음속에는 항상 유비에 대한 걱정이 자리하고 있었다.

어느 날 원소 휘하의 진진이 관우의 지인인 척하고 찾아왔다. 사람들을 물러가게 하고 무슨 일인지 물으니 유비의 편지를 가지고 왔다는 것이다. 틀림없는 유비의 필적이었다.

"도원에서 한날한시에 죽기로 했건만 지금 무슨 이유로 서로 다른 길로 갈라졌을까? 운장(관우)이 진정 공명을 얻고 싶다면 이 현덕의 목을 바치겠소이다. 편지로는 뜻을 다 전하지 못하니 목숨을 걸고 자네의 답장을 기다리겠소."

편지를 읽는 관우의 두 눈에서 눈물이 뚝뚝 떨어졌다. 그는 절대 맹세를 배신할 수 없다고 다짐한다.

관우는 조조에 대한 감사와 이별의 편지를 쓰고 보상으로 받은 금은보화를 봉인하여 한수정후漢壽亭侯 인수(한수정후라는 직위의 정표)를 남긴 후 이부인과 함께 종자들을 이끌고 길을 떠난다.

그것을 알게 된 조조는 놀라지만 "한수정후 인수를 두고 떠났다는 것은 금은보화는커녕 관직과 녹봉마저도 옛 주인에 대한 마음과 바꿀 수 없다는 뜻이다. 그러한 인물이기에 맹덕을 진심으로 공경한다."고 말하며 직접 관우를 따라잡아 이별의 정표로 전포를 선물했다.

관우가 떠난 사실에 대한 조조의 지시 전달이 늦었던 탓에 관우는 오관(다섯 개 관문)을 지키는 장수 여섯 명의 목을 차례로 단칼에 베어버린다. 이 일로 관우는 오관참장세五關斬將勢로 불리기도 한다.

드디어 관우 일행은 황하의 나룻터에 도착했다. 그곳에서 유비 휘하의 손건을 만나게 된다. 그는 원소의 진영은 참모와 부장의 불화로 혼란한 상황이며 유비가 난을 피해서 업성을 떠나 여남으로 향하고 있으니 관우도 그쪽으로 향해달라는 말을 전했다.

이에 관우 일행은 서주의 고성을 지나게 되었는데 뜻밖에도 그 성을 점거한 사람은 장비였다. 장비도 유비와 헤어져서 이곳을 거점으로 삼은 채 유비를 찾고 있었던 것이다.

장비의 대활약

삼국지의 영웅들 중에서도 독특한 매력을 지닌 장비는 『삼국지연의』와 『삼국지평화』에서 다른 모습으로 그려진다. 특히 『삼국지평화』에서 묘사된 장비의 활약상은 더욱 대담하고 초인적이다.

장비의 특징은 직정경행直情徑行이라는 표현으로 요약된다. 이는 거침없이 곧장 앞으로 나아가는 성격을 의미한다. 그는 생각나는 대로 행동에 옮기는 단순하고 솔직한 성격의 소유자다.

조조의 서주 침공 당시, 장비는 사방에서 공격을 받아 어려운 상황에 처한다. 그는 강한 기세로 도주를 시도하지만 하비와 소패로 돌아가려 해도 조조의 수비병들이 곳곳에 배치되어 있어 쉽지 않았다. 결국 그는 서주 패현의 망탕산으로 도망가게 되고, 그곳

장비

에서 관우와 재회하여 나중에 유비와도 합류하게 된다.

흥미로운 점은 조조에게 쫓기던 시절 장비의 행적이다. 그는 태평하게 산적이 되어 살아갔다. 이 시기 그의 행동은 매우 대담하고 익살스럽다. 스스로를 무성대왕無姓大王이라 칭하고, 자신의 거처에는 '황종궁'이라는 거창한 이름을 붙였으며 심지어 연호를 '쾌활'이라 정하였다.

장비의 놀라운 활약은 장판파 전투에서 나타난다. 이 전투에서 그는 도망치는 유비를 보호하기 위해 자진해서 후위를 맡는다. 밀고 들어오는 조조의 군대와 맞닥뜨리자 장비는 장판파의 다리에서 매복하고 있다가 "나는 연인燕人의 장익덕이다. 나와 승부할 놈은 없느냐!"라고 호통을 친다. 그러자 놀랍게도 이 말 한마디에 다리가 둘로 갈라지더니 땅이 울렸고 조조의 군대는 삼십 리나 후퇴하였다.

『삼국지연의』에서 종종 민폐를 끼치는 인물로 그려진 것과는 달리, 『삼국지평화』에서 장비는 전대미문의 활약을 펼치는 영웅으로 묘사된다. 그는 단순하고 솔직하며, 거침없이 앞으로 나아가는 성격의 소유자다. 장비의 이러한 모습은 서민들에게 절대적인 갈채와 인기를 얻었다. 그는 여포와 유사한 면모를 지니고 있지만 여포보다 더 괴짜 같은 매력을 소유하고 있다.

20 조조와 원소의 격돌, 관도대전

유비는 마침내 관우, 장비와 재회하고 떠돌던 조운(자: 자룡)까지 만나 휘하에 두게 되었다. 이로써 유비 진영은 관우, 장비, 조운을 비롯해 손건(자: 공우), 미축(자: 자중), 미방(자: 자방), 간옹(자: 헌화), 주창(자: 미상), 요화(자: 원검), 관평(관우의 양자) 등으로 더 강해졌다.

한편 관도에서 벌어진 조조와 원소의 전투는 어떻게 되었을까? 조조는 여러 전투에서 승리했지만 병력 차이가 너무 커서 총력전을 펼치기 어려웠다. 한편 원소는 조바심을 이기지 못하고 전풍의 "지금은 대군을 이동시키면 안 됩니다. 때를 기다리셔야 합니다." 하는 충언을 듣지 않고 진군한다. 그는 관도를 목전에 둔 채 양무에서 70만 군대를 동서남북으로 포진시키고 진영을 구축했다.

이 정보를 입수한 조조는 순욱을 허도에 남겨 수비를 맡기고 관도에 진을 쳤다. 그렇다고 해도 조조의 병력은 원소 병력의 1/10

정도밖에 되지 않아 섣불리 공격할 입장이 아니었다.

두 진영이 마주 보고 팽팽한 긴장감 속에 대치하는 가운데, 원소가 먼저 움직였다. 원소는 관도에 바싹 접근하여 진을 쳤으며, 심배의 계책에 따라 50여 개의 토산을 쌓아 망루를 세우고 화살을 퍼부었다.

조조는 유엽의 계책으로 토산을 만들어 이동식 발석기를 설치했다. 원소 군대가 활을 쏘자마자 이 발석기로 돌덩이를 날려 보내 대항했는데, 그 위력이 굉장하여 원소 군대는 '벽력거霹靂車'라 부르며 두려워했다.

그러자 원소 군대는 이번에는 심배의 계책으로 지돌(땅굴 전술)을 사용해 조조 진지 땅 아래로 공격하는 작전을 고안했다. 이에 조조는 유엽의 도움으로 참호를 깊게 파 지돌을 무력화했다.

전쟁의 장기화로 군량 수송이 정체되기 시작하여 위태로워진 조조는 허도의 순욱에게 군대를 철수해야 할지 물었다. 과거 모셨던 원소의 우유부단함을 잘 알고 있던 순욱은 명사들 사이의 정보까지 살펴보면서 조조의 승리를 확신했다. 다시 힘을 얻어 버텨보기로 결심한 조조에게 행운이 날아들었다. 원소에게 계책을 제안할 때마다 반박을 당하여 분노하던 허유가 투항한 것이다.

허유는 "원소는 오소에 큰 군량 저장고를 두고 있습니다. 수비하는 자는 순우경입니다. 그곳을 불태우면 원소 군대는 싸움을 계속할 수 없을 것입니다."라며 정보를 제공했다.

90

관도대전

조조는 이동식 발석기 '벽력거'를 무기로 원소 군대와 싸웠다.

　　조조는 이 정보를 바탕으로 자신의 정예군을 이끌고 오소로 진격해서 순우경을 치고 군량을 불태웠다. 조조가 없는 틈을 타 관도를 공격하던 장합과 고란은 오소가 불탔다는 소식을 듣고 항복했다. 이렇게 원소의 군대는 무너졌고 관도대전은 조조의 대승으로 끝이 났다.

관도대전의 공방도

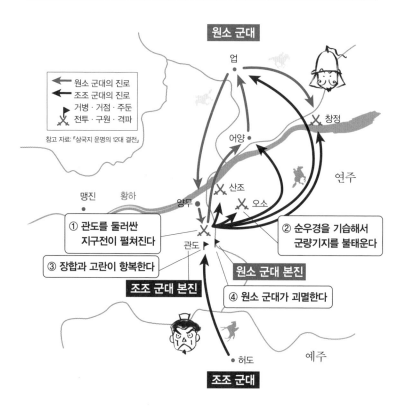

원소 군대

업

창정

원소 군대의 진로
조조 군대의 진로
거병 · 거점 · 주둔
전투 · 구원 · 격파

참고 자료: 『삼국지 운명의 12대 결전』

어양

연주

맹진   황하   양무   산조

오소

① 관도를 둘러싼
지구전이 펼쳐진다

② 순우경을 기습해서
군량기지를 불태운다

관도

③ 장합과 고란이 항복한다

원소 군대 본진

조조 군대 본진

④ 원소 군대가 괴멸한다

허도   예주

조조 군대

기동전과 진지전에서 패배한 원소

병력이 열세일 때는 기동전이 유리하다. 대군이 공격해 올 때 지형을 활용하여 이동하고 행군 속도를 높이면 상대의 병력 규모에 관계없이 효율적인 전투를 벌일 수 있다. 전술에 따라서는 전세를 뒤집을 수도 있는 것이다. 백마 전투에서 조조 군대가 원소 군대를 이길 수 있었던 것도 이러한 기동전을 활용했기 때문이다.

반면 관도대전은 진지전의 양상을 띠었기 때문에 큰 움직임은 없었다. 원소 군대는 토산을 쌓고 망루를 세워 조조 군대에 화살을 퍼부었으며 조조 군대는 이에 맞서 벽력거로 대응했다. 원소군이 땅굴 전술로 지하를 파고 접근하려 하면 조조군은 깊은 참호를 파서 막아섰다. 이러한 지구전에서는 병력과 물자가 풍부한 원소 군대가 유리할 수밖에 없었다.

조조는 수적 열세에 몰렸지만 순욱의 격려로 인해 끝까지 버틸 수 있었다. 이때 허유가 투항하여 중요한 정보를 제공한 덕분에 원소 군대의 군량 창고를 불태울 수 있었고, 결국 조조의 승리로 이어졌다.

원소 군대가 훨씬 유리한 상황이었음에도 패배한 이유는 크게 두 가지로 볼 수 있다. 첫째는 원소가 성격이 우유부단해 기회를 제때 포착하지 못한 것이고, 둘째는 허유의 배신이다. 여기에 더해 순욱과 같은 명사들의 정보 전에서도 원소가 열세였다.

원소의 결단력 부족과 명사들을 제대로 활용하지 못한 좁은 도량이 결국 패전의 결과를 초래한 것이다.

21 손책의 죽음과 원소의 몰락

한편 손책은 백마 전투가 일어난 시기인 건안 5년(200) 4월, 26세의 젊은 나이에 허무하게 세상을 떠난다. 원술과 절연한 손책은 착실하게 세력을 확장해 강동을 평정하고 양주의 노강을 공략하며 예주 태수인 화흠을 항복시켜 강남 5군을 장악했다.

손책의 위세를 두려워한 오군 태수 허공이 "손책은 고조와 사투를 반복한 항우와 같은 인물입니다. 나중에 화가 될 터이니 수도로 부르는 것은 위험합니다."라고 쓴 밀서를 허도의 조조에게 보냈다. 그런데 그 밀서가 손책에게 발각되어 허공은 살해당한다. 이에 허공의 식객이던 세 명이 복수를 맹세하고 사냥을 하던 손책을 습격했다. 손책은 심각한 부상을 입었지만 가까스로 목숨을 건졌다. 하지만 이후 경솔한 요술로 세상을 어지럽힌다고 도사를 칼로 베어 죽인 일이 화근이 되어 괴로워하다가 결국 목숨을 잃고 말았다.

죽음에 임박한 손책은 장수를 비롯한 중신들에게 동생 손권의 보좌를 부탁하고 손권에게는 다음과 같은 유언을 남긴다.

"너는 군사를 이끌고 전장에 나가 천하를 다투는 전쟁으로는 나를 이길 수 없다. 하지만 유능한 인물을 등용해서 강동을 지키는 일에 있어 나는 너를 이길 수 없다. 신하를 중용해서 신하의 말을 귀담아듣고 아버지와 내가 세운 강동을 잘 지켜라."

이렇게 해서 손책은 삼국지에서 퇴장했다. 이때 뒤를 이은 손권은 19세였다. 그는 당당한 풍채를 지니고 있었고 수염은 자색, 눈동자는 푸른색이라서 '벽안아'라고 불렸다.

조조는 손책이 죽고 손권이 뒤를 이었다는 사실을 알게 되자 헌제에게 상소문을 올려 손권을 장군으로 임명하고, 양주 회계 태수를 겸임하게 하였다. 이로써 드디어 위나라·오나라·촉나라 삼국을 통솔하는 세 사람이 모습을 드러냈다.

건안 5년(200) 10월, 조조와 원소가 사력을 다해 관도에서 싸운 결과 원소가 패배했다. 이듬해 4월 창정을 수비하던 원소 군대가 또다시 조조 군대에게 격파당한다.

이로 인해 원소의 명예는 완전히 실추되었고, 명성은 다시 회복할 수 없게 되었다. 명성을 잃은 원소의 하북에 반란이 빈번해졌고 이를 겨우 진압한 때가 건안 7년(202)이다. 하지만 그때 원소는 병에 걸렸다. 그해 6월, 백약도 무효해 원소는 피를 토하며 죽었다. 그의 나이 49세였다.

원소는 비록 전쟁에서 우유부단한 결정을 내리며 패배했지만 하북 농민들 사이에서는 어진 정치를 펼친 군주로 기억되었다. 그는 유교 윤리를 중시하며 명사들의 의견을 존중하는 통치자였다. 하지만 후계자를 확실히 정하지 않은 일은 나중에 원씨 가문의 멸망을 불러오는 주요 원인이 되었다.

건안 5년(200) 당시 세력도

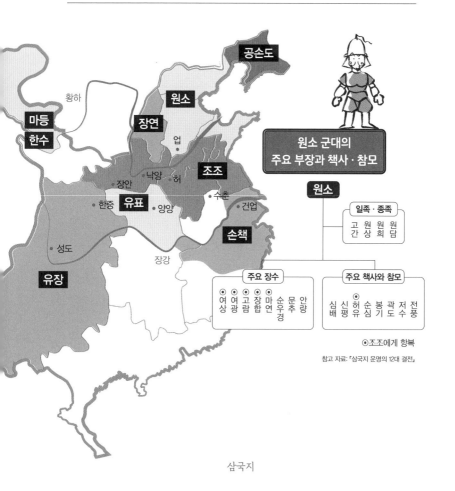

참고 자료: 「삼국지 운명의 12대 결전」

22

유비의 형주 도피와
조조의 하북 평정

조조는 예주 여남으로 도망친 유비를 소탕하기 위해 군사를 일으켰다. 이때 유비는 아직 대항할 힘이 부족했기 때문에 형주 목사 유표가 있는 곳으로 도망쳤다. 그는 형주에서 유표의 보호를 받으며 장수로 대우받아 실력을 키울 기회를 얻었다.

유표는 원소의 편이었기 때문에 조조와는 적대적인 입장이었다. 유학자기도 했던 유표는 치세에 뛰어나서 형주는 평화로웠다. 전란이 지긋지긋하여 형주로 도망오는 사람들이 많았고, 그중에는 명사도 많았다. 여주에서 온 제갈량도 그중 하나였다.

한편 조조는 원소의 장남 원단과 막내 원상의 승계 다툼으로 내분이 생긴 사실을 알고 이를 이용하는 작전을 폈다. 조조가 양동작전으로 형주로 남하하는 척하면서 하북의 압력을 약하게 하자 예상대로 조조의 공격이 느슨해졌다고 생각한 원씨 형제의 다툼은

격화되었다. 조조는 그 틈을 노려 업성을 함락시켰고 책사 심배를 죽였다.

원담은 조조에게 항복하지만 살해되고 원상은 유주목 둘째 형 원희에게 의탁하지만 그곳도 조조에게 공격을 받아 오환으로 도망친다. 냉혹한 조조는 오환을 공격해서 함락시켰고 도망친 원상과 원희는 요서의 공손강에게 비호를 청했다. 하지만 공손강은 조조와 화친을 원하였기에 원희와 원상을 배신하고 살해했다. 이렇게 해서 4대째 삼공을 자랑하던 원씨 가문은 멸망했다. 건안 12년(207)의 일이었다.

조조는 기주목이 되었고, 다시 하북 4주의 지배권을 획득하였다. 그는 곽가의 계책에 따라 하북의 명사를 중용하며 통치를 강화했다. 조조는 기구개혁에도 착수했다. 태위·사공·사도 삼공을 폐위하고, 최고 관직인 상승을 부활시켜 자신이 취임했다. 그야말로 절대적인 권력을 장악한 것이다.

조조의 세력이 유주, 병주, 기주, 청주, 서주, 연주, 예주, 사례까지 뻗어나가고 있을 때 형주의 유비는 이른바 숨죽이고 있는 상태였다. 이 시기에 유비는 형주에서 비육지탄髀肉之嘆의 좌절감을 느꼈다. 즉, 오랫동안 말을 타지 못하고 정치적·군사적으로 아무것도 하지 못해 허벅지에 살이 찌는 것을 한탄한 것이다.

형주는 양양의 명사 채모, 남양의 명사 괴월의 도움을 받아 풍파를 피할 수 있었다. 이렇게 형주에는 유명한 명사들이 모여 있었다.

그들이 보는 유표는 천하를 무력으로 평정할 기개는 없는 인물이 었다. 그러한 명사들에게 한나라 왕족의 후예고 한 조정을 부활시키겠다는 대의를 내거는 유비는 관심을 끄는 무장이었다. 유비 역시 맹장은 있어도 참모가 부족했다. 그렇게 유비는 명사들과 교류를 시작했다.

형주학

형주는 건안 3년(198) 이후 10년 동안 채모와 괴월의 뛰어난 치세로 평온했다. 원래 유학자던 유표는 이 평화로운 시기를 이용해 많은 서적을 모으고 학문을 장려했으며 학교를 설립하여 문화진흥에 힘썼다. 그래서 형주 양양은 당시 중국 학문의 중심지가 되었고, 이때 '형주학'이라고 불리는 학문이 탄생한다.

유표가 초빙한 학자는 수백 명에 달했다고 전해지는데, 그 중심에 있던 사람이 형주 남양군 출신의 송충이다. 그는 기무개와 함께 『오경장구』를 편찬하고, 전한의 유학자 양웅이 저술한 『태현경』에 주석을 달았다. 오경이란 유교의 기본 고전으로 『시경』, 『서경』, 『예기』, 『역경』, 『춘추』의 다섯 가지 경서를 말한다. 그리고 이것을 평이하고 쉽게 해석한 것이 형주학이다.

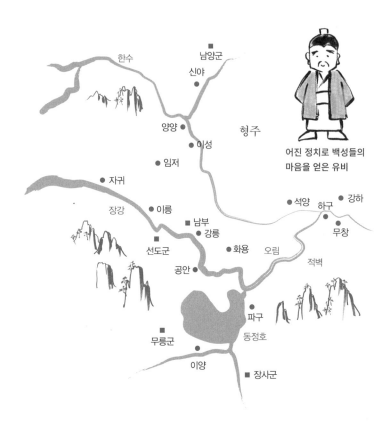

한수

남양군

신야

형주

양양

이성

임저

자귀

장강

이릉

석양   강하

하구

남부

무창

강릉

선도군

화용   오림

공안

적벽

파구

무릉군   동정호

이양   장사군

어진 정치로 백성들의
마음을 얻은 유비

유비, 삼고초려하여 제갈량을 만나다

형주에는 유표와 일정한 거리를 둔 사마휘를 중심으로 한 양양의 파벌이 존재했다. 이 파벌에는 사마휘가 형님으로 모신 형주의 토착 명사이자 인물 감정의 대가인 봉덕공, 그 아들 봉산민, 조카 방통, 황승, 항승언, 습정, 예주의 서서, 기주의 최주평, 제갈량 등 많은 지략가들이 포함되어 있었다. 이들은 혼인으로도 얽힌 관계였다.

이러한 양양의 파벌 중에서 유비와 친분이 있던 사람은 서서였다. 서서는 "사마휘 선생님이 제갈량을 와룡, 방통은 봉추라고 했습니다."라며 유비에게 제갈량을 꼭 만나야 한다고 강하게 권했다. 여기서 와룡이란 연못에 숨어 있는 용이고 봉추는 봉황 새끼로, 앞으로 큰일을 할 인물을 암시하는 표현이다.

유비도 와룡이라 불리는 제갈량을 만나기를 원했다. 그래서 제갈량과 만남을 주선해 달라고 서서에게 부탁하니 "제갈량을 데리고 올 수는 없습니다. 장군이 예를 다해 모시러 가지 않으면 만날 수 없을 것입니다."라고 답했다.

이것은 제갈량의 술책이기도 했다. 와룡이라 불리는 자신의 가치에 맞게 존중받아야 권위가 지켜지기 때문이다. 이렇게 해서 48세의 유비가 28세의 제갈량에게 삼고초려三顧草廬를 한다.

세 번이나 제갈량(자: 공명)의 초가집을 방문한 끝에 유비는 마침내 그를 만나게 된다. 제갈량은 키가 8척이나 되는 비범한 외모의 소유자였고, 유비는 그를 보자마자 그의 뛰어난 능력을 알아봤다.

유비가 앞으로의 계책을 묻자 제갈량은 천하삼분지계天下三分之計를 제시한다. 제갈량의 초려草廬에서 나온 계책이라서 '초려대草廬對'라고도 한다. 대략적인 내용을 보면 조조는 이미 백만 군사를 보유하고 천자를 옹립하여 제후들에게 명령을 내리는 상황이므로, 직접 대항하기에는 너무 강대해졌다고 보았다. 손권은 강동을 지배하고 있는데, 지세가 견고하고 백성들의 지지도 있어 동맹의 대상으로 판단했다. 또한 형주는 지세가 견고하고 비옥한 땅이지만 유장의 통치력이 약해 오래 유지되기 어려울 것으로 예측했다.

제갈량은 유비가 한 왕조의 후예로 신의를 중시하며 현인을 찾기를 갈망하니 현인들의 주인이 될 수 있을 것이라고 하며 형주와 익주를 먼저 차지하고, 서방과 남방의 이민족을 위로하며 손권과 동맹을 맺는 것이 중요하다고 조언했다. 또한 천하에 변란이 일어나면 부장을 파견해 완성과 낙양으로 보내고 유비가 익주의 군사를 이끌고 관중으로 진격하면 한 왕조를 다시 부흥시킬 수 있을 것이라는 전략을 제시했다.

삼고초려

유비는 예를 다해 제갈량의 초가집을 세 번 방문한 끝에 그를 만난다.

장판파 전투에서
고비를 넘기는 유비

유비가 제갈량을 삼고초려로 영입하자 양양의 명사들로부터 신뢰를 얻게 되었다. 이는 유비가 명사들의 의견을 존중한다는 것을 보여주는 행동이었기 때문이다. 탐탁지 않게 생각한 사람은 관우와 장비였다. 이에 유비는 공명과 자신이 수어지교水魚之交 즉, 물고기와 물처럼 서로 없어서는 안 되는 관계라고 분명하게 밝혔다. 서로 뜻을 이루기 위해서 꼭 필요한 존재라는 뜻이다.

지금까지 유비는 상황을 통찰하고 전략을 짜는 모든 일을 혼자 해결해야 했다. 당연히 어딘가에서 문제가 생길 수밖에 없었다. 그러한 유비에게 제갈량의 영입은 큰 힘이 되었다. 제갈량은 한나라 유방의 지혜로운 장수 장량을 뛰어넘는 지략가로, 후에 '지절智絶'로 불리는 인물이다. 유비에게 제갈량은 관우, 장비와 마찬가지로 금란지계金蘭之契의 관계였다. 처음에는 제갈량을 의심스러워하던 관우와 장비도 그가 화공 군술로 조인과 하후돈의 공격을 물리치는 것을 보고 존경하게 되었다.

이렇게 유비의 참모조직에 제갈량이 가세하면서 점차 진영이 정리되고 형태를 갖추게 되었다.

시대는 빠르게 변화했다. 건안 13년(208), 조조는 형주 목사 유표가 위독하다는 소식을 듣고 형주를 평정하기 위해 남하하기 시작했다. 당시 형주는 유표의 후계자 문제로 내분이 일어나고 있었다. 유표에게는 장자인 유기와 차남 유종이 있었으나 후계자를 결정하지 못해 형주는 혼란에 빠져 있었다. 특히 채모라는 인물이 자신의 조카인 유종을 후계자로 밀어붙이면서 상황은 더욱 복잡해졌다. 이에 신변의 위협을 느낀 유기는 자신을 지지해줄 세력을 찾아 유비에게 접근했다.

유표가 사망하자 유종이 뒤를 이었고, 채모는 조조와의 인연도 있어 형주 명사들을 이끌고 조조에게 항복했다. 이로 인해 형주는 별다른 저항 없이 조조의 지배하에 들어갔다.

더욱 강대해진 조조는 이어서 손권에게도 항복을 권고하는 편지를 보냈다. 이를 둘러싸고 손권의 수뇌부에서는 의견을 달리하며 분쟁이 벌어진다.

위기를 느낀 유비는 양양에서 철수했지만 그를 따르는 백성들로 인해 10만에 이르는 대규모 집단이 되었다. 때문에 이동 속도가 매우 느려 하루에 10리(약 4킬로미터)밖에 걷지 못했다. 유비는 관우에게 수군을 맡겨 먼저 강릉으로 보냈고, 자신도 그곳을 향해 갔다.

조조는 강릉을 빼앗기지 않으려 엄선한 기병을 보내 유비를 추격했고, 장판파에서 유비군을 따라잡아 대대적인 살육을 벌였다. 이때 두 가지 기적 같은 일이 일어났다. 조운이 유비의 아들 아두 (훗날 촉한 2대 황제 유선)를 안고 적진을 뚫고 탈출했고, 유비군의 후군을 맡은 장비가 다리에서 장승처럼 버티며 조조군을 저지했다. 이렇게 유비는 죽을 고비를 넘기고 하구의 유기를 향해 달렸다.

장판파 전투 직전의 세력도

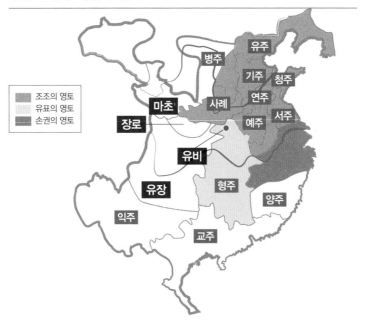

형주에서 유비가 도피한 경로

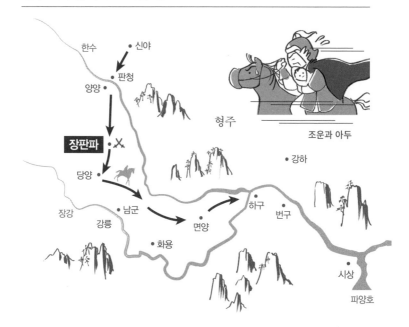

조운과 아두

25 제갈량의 지략으로 촉발된 주유의 교전 결의

조조는 형주를 점령하고 손권에게 항복을 권유하는 편지를 보냈다. 편지 내용은 다음과 같다. "황제의 명령에 따라 죄인을 토벌하고자 남쪽으로 군대를 보냈고, 유종은 아무 저항 없이 항복했다. 이제 나는 수군 100만을 이끌고 가니 오군에서 사냥이라도 하자." 비록 정중한 어조로 쓰였지만 수군 100만이라는 말과 오군에서 사냥이라는 표현은 조조가 군사력을 앞세워 손권에게 압박을 가하는 것이었으며, 손권에게 항복을 종용하는 강력한 메시지였다.

이 항복 권고장에 손권 진영은 항복파와 전투파, 두 갈래로 나뉘었다. 항복파는 장소와 진송 같은 북부 출신의 명사들이 주도했다. 이들은 조조가 후한 왕조를 부흥시킨 인물이므로 그에게 항복하는 것은 후한 조정에 복종하는 것일 뿐이라는 논리를 내세웠다. 반면 전투를 주장한 사람은 노숙(자: 자경)이었다. 노숙은 손권에게 조조와 대항하기 위해 유비와 동맹을 맺어야 한다고 주장했다. 그는 유비와 그의 책사 제갈량을 제대로 파악하려고 하구로 향한다. 유비도 손권과의 연계를 계책으로 내놓은 제갈량을 노숙과 동행시켜 오나라로 보냈다. 제갈량은 사직(국가)의 대계를 돌보지

오나라 손권(오른쪽)을 지지한 중신
주유(중앙)와 노숙(왼쪽)

않고 편협한 논리로 설전을 벌이는 오나라의 참모들을 상대로 한 발짝도 물러서지 않은 채 하나하나 논박해나갔다.

손권은 제갈량의 주장에 일리가 있다고 생각했지만 여전히 결정을 내리지 못했다. 이때 수군을 훈련시키던 주유가 돌아와 강력하게 교전을 주장했다. 사실 그의 결의는 제갈량의 교묘한 지략에 따른 것이었다. 제갈량은 주유에게 조조가 오나라의 이교二喬 자매를 탐내고 있다고 부추겼다. 이교 자매 중 대교는 손권의 형 손책의 아내였고, 소교는 주유의 아내였다.

주유는 이 말에 분노하며 제갈량에게 증거를 요구했다. 이에 제갈량은 조조가 셋째 아들에게 쓰게 한 시 「동작대부銅爵臺賦」를 제시했다. 이 시에서 조조가 황제가 되고 이교 자매를 손에 넣겠다는 내용이 포함되어 있다고 설명하며 시를 침착하게 낭독했다. 그 시

조조의 궁전 동작대에서 셋째 아들 조식이 「동작대부」를 지었다고 한다.

를 듣고 주유는 분노를 감추지 못했다. 제갈량의 지략에 완전히 속아 넘어간 주유는 즉시 조조와의 전쟁을 결의하게 된다.

주유는 자신의 군사적 분석도 내놓는다. 그는 "조조는 역적이다. 조조의 군대는 비록 북방을 평정했지만 여전히 불안정하며 마등과 한수가 조조의 후방을 위협하고 있다. 또한 겨울철이라 마초도 부족하며 조조의 군대는 수전에 약하다. 긴 여행으로 병사들이 피로해 있고, 강동의 습지와 기후에 적응하지 못해 병에 걸리는 병사들이 속출하고 있다."라고 파악했다. 또한 강동의 풍부한 식량을 가진 오나라군이 유리하다고 의견을 개진했다.

주유의 강력한 주장과 제갈량의 지략에 힘입어 손권은 마침내 결단을 내렸다. 손권은 허리에 찬 칼을 꺼내 탁자를 내리쳐 반으로 자르며 "개전이다! 이후 항복을 논하는 자는 목을 베어버리겠다!" 하고 교전을 결의했다.

손권의 군대 주요 부장과 군사·참모

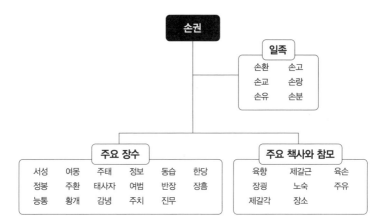

손권

일족
손환	손고
손교	손랑
손유	손분

주요 장수
서성	여몽	주태	정보	동습	한당
정봉	주환	태사자	여범	반장	장흠
능통	황개	감녕	주치	진무	

주요 책사와 참모
육향	제갈근	육손
장굉	노숙	주유
제갈각	장소	

1
1
1

적벽대전 1: 서막

26

주유는 양주의 명문으로, 2대째 삼공을 배출한 가문 출신이었다. 그의 말 한마디는 큰 영향력을 지니고 있었다. 권력을 키운 조조가 인질을 내놓으라고 요구했을 때 손권은 어머니 앞에서 주유가 말한 대로 거절했다. 손권의 어머니조차 생전에 "주유는 내 뱃속으로 낳은 자식과 같다."며 손권에게 주유를 형처럼 공경하라고 권할 정도로 주유는 손권 진영에서 중요한 인물이었다.

주유는 "조조는 100만의 대군이라고 호언하지만 실제로는 중원의 군대가 15~16만에 불과하고, 원씨의 군대를 합해도 70~80만 정도일 뿐입니다. 그마저도 대부분이 조조를 믿지 못해 망설이고 있습니다. 게다가 저들은 싸움을 계속하여 완전히 피폐해진 상태입니다. 저 주유에게 5만의 군사를 주신다면 두려울 것이 없습니다."라고 말하여 손권을 고무시켰고, 곧바로 군대를 출발시켰다.

주유는 오나라 군대의 주력 부대인 중호군을 이끌고, 한당과 황개에게 본진 전선의 지휘를 맡겼다. 그들은 삼강구까지 배로 항해하여 진영을 구축했다. 또한 장흠과 주태에게 제2군대를, 능통과 반장에게 제3군대를, 여몽과 태사자에게 제4군대를, 육손과 동습에게는 제5군대를 맡기고, 여몽과 주치를 사방 순경사에 임명하였으며 수군과 육군을 동시에 출발시켜 정해진 날짜에 모이도록 명령했다.

그러나 주유는 제갈량의 뛰어난 계략을 의심하기 시작했다. 형제갈근이 손권의 수뇌부에 있었기 때문에 제갈량을 설득하여 손권을 섬기게 하려고 했으나 제갈량은 '의'에 따라 유황숙(황제의 숙부, 즉 유비)을 섬긴다며 이를 거절했다. 주유는 점점 더 제갈량을 경계하여 살려두면 오나라에 해가 될 터이니 죄를 물어 죽여야겠다고 생각을 굳힌다.

다음 날, 주유는 정보와 노숙 그리고 제갈량과 함께 하구로 출발했다. 삼강구에서 50~60리 떨어진 곳에 정박한 후 주유는 제갈량에게 조조의 식량 보급로를 차단하라고 요청했다. 제갈량은 이것이 자신을 죽이려는 계략임을 알았지만 모르는 척 수락했다.

제갈량은 노숙이 상황을 보러 오자 주유에게 보고할 것을 예상하고 "주유는 수전에만 능력이 있다."라며 깎아내리는 말을 했다. 그 말을 노숙에게 들은 주유는 불같이 성을 내면서 "육지전에 능력이 있는지 없는지 보여주겠다. 내가 조조의 식량 배급로를 차단하겠다."며 격분한다. 자존심이 강한 주유는 자신이 부정당하자 이성을 잃고 분노에 휩싸인 것이다.

나중에 제갈량은 "지금은 오후(손권)와 유사군(유비)이 협력해서 조조와 싸워야 할 때입니다. 주공근이 나를 죽이려고 음모를 꾸미면서 희롱한 것뿐입니다." 하고 노숙에게 설명했다. 주유는 "저 자를 죽이지 않으면 나중에 오나라에 화근이 될 것이다." 하고 발을 구르며 분노했다. 노숙은 주유를 설득하기 위해 "공명의 말처럼 지금은 힘을 합쳐 조조와 싸울 때입니다. 조조를 무너뜨리는 일이 우선이지요. 죽이는 것은 그 후에 해도 늦지 않습니다."라고 타일렀다.

남선북마 南船北馬란?

남선북마란 중국의 지리적 특성과 그에 따른 문화적, 군사적 차이를 잘 보여주는 표현이다. 이 개념은 조조 군대와 손권 군대가 싸운 적벽대전에서 특히 중요한 의미를 가진다.

적벽대전에서 북방의 군사는 말을 탄 싸움에 능했고, 강동 남부의 군사는 배를 이용한 싸움에 뛰어났다. 이러한 차이는 장강을 끼고 벌

어진 전쟁의 결과에 큰 영향을 미쳤다. 당시 전쟁의 주된 형태가 기마전이었음에도 불구하고, 수전에 약했던 조조 군대의 약점이 드러난 것이다.

'남선북마'라는 사자성어는 이러한 지리적·문화적 차이를 간결하게 표현하는 말이다. 남부는 장강이라는 큰 강과 그 지류 그리고 많은 호수가 있어 배로 이동하는 것이 일상이었다. 반면 북부는 넓은 평원과 산야가 많아 말을 이용하는 것이 보편적이었다.

이 표현의 정확한 기원은 불분명하지만 전한 고조의 손자인 회남왕 유안이 편찬한 『회남자准南子』에서 그 근거를 찾을 수 있다. 이 책에는 "호인胡人(북방·남방의 이민족)은 말을 이용하기 편하고, 월인越人(오나라 남동 지역의 이민족)은 배를 이용하기 편하다."라는 구절이 있어, 이것이 '남선북마'의 기원이라는 것이다.

27 적벽대전 2: 10만 개의 화살을 빼앗은 제갈량

장강의 기슭을 끼고 조조 군대와 주유 군대의 지루한 대치가 이어졌다. 이때 주유는 유비를 자신의 진영으로 불러들여 제거하려는 계획을 세웠으나 유비는 이를 눈치채지 못한 채 관우와 함께 주유를 만났다. 주유는 겉으로는 잔치를 베풀고 유비를 환대하며 기회를 노렸지만 관우가 칼을 손에 쥔 모습을 보고 두려워 살해를 시도하지 못했다. 주유의 살의를 느낀 관우의 경계 덕분에 유비는 무사히 돌아갔고, 이 모든 상황을 제갈량이 몰래 지켜보고 있었다.

강기슭으로 돌아온 유비에게 제갈량은 환하게 웃으며 가볍게 인사한 후 유비의 목숨이 위험했다는 이야기와 함께 주유가 자신의 목숨도 노리고 있다고 알려주었다. 유비가 함께 하구로 돌아가자고 권했지만 제갈량은 "주공, 11월 20일부터 조운에게 작은 배를 타고 장강의 남쪽 기슭에서 대기하게 해주십시오. 저는 동남풍이 불기 시작하면 돌아가겠습니다."라는 수수께끼 같은 말을 남기고 돌아갔다.

한편 유비를 살해하지 못한 분함을 삭이지 못한 주유에게 조조의 편지가 도착했다. 주유는 화가 나서 편지를 열어보지도 않고 찢어버리고, 사자까지 베어 그 목을 조조에게 보냈다. 이에 격노한 조조는 형주 항장인 채모와 장윤을 선두로 직접 후방 부대의 군선을 이끌고 삼강구까지 노를 저어 진격했다. 건안 13년(208) 11월 1일의 일이었다.

오나라의 군선이 물고기 떼처럼 강 수면을 뒤덮으며 조조와 주유의 첫 대전이 벌어졌다. 하지만 이 전투는 어이없게 승부가 나버렸다. 감녕 휘하의 화살 세례와 장흠, 한당 등의 과감한 돌격에 수전에 익숙지 않은 북방 군사들은 우왕좌왕했고, 결국 첫 대전은 주유의 승리로 끝났다.

이후 조조와 주유는 서로 속고 속이는 전략을 구사했고, 그 과정에서 채모와 장윤이 희생되었다. 주유는 조조가 보낸 첩자로 하여금 채모와 장윤이 주유에게 보낸 편지를 훔치게 해서 마치 채모와 장윤이 주유와 내통한 것처럼 꾸몄다. 이 책략으로 조조는 채모와 장윤의 목을 쳤다.

주유는 제갈량에게도 덫을 놓았다. 그는 "우리 군대에는 화살이 부족하니 10일 이내에 10만 개를 준비해주길 바라오." 하고 제갈량에게 무리한 요청을 했다. 그러자 제갈량은 바로 승낙하고 "3일 안에 준비하겠습니다. 그렇지 못하면 처벌을 받겠습니다."라고 말한다. 주유는 내심 기뻐했다. 제갈량이 스스로 자기 무덤을 팠다고 확신했기 때문이다.

제갈량은 약속한 3일째 밤, 장강이 안개로 뒤덮이자 유비가 보낸 20척의 배를 밧줄로 연결한 채 노를 저어 조조의 본진으로 다가갔다. 배들은 뱃전에 마른 풀을 가득 싣고 있었다. 제갈량은 북을 치고 승리의 함성을 지르게 하여 조조 군대를 혼란에 빠뜨렸고, 조조 군대는 그 함성에 놀라 빗발치듯 화살을 퍼부었다.

해가 뜨고 안개가 걷히자 제갈량은 서둘러 배를 돌렸다. 마른 풀에는 10만 개가 넘는 화살이 박혀 있었다.

초선차전草船借箭의 지략

제갈량은 하룻밤에 조조 군대의 화살 10만 개를 빼앗았다. 적을 속이고 아군도 할 말을 잃게 만든 지략이었다.

28

적벽대전 3: 제갈량, 장강에 동남대풍을 일으키다

그날 밤, 제갈량과 함께 배를 타고 있던 노숙은 제갈량의 신출귀몰한 능력에 감탄하며 물었다. "강에 짙은 안개가 낄 것을 미리 알고 있었는가?" 제갈량은 가볍게 웃으며 대답했다.

"장수는 천문 즉, 하늘의 움직임을 읽어야 하고, 지리를 분별할 줄 알아야 하며, 전술에서 중요한 팔진의 기문을 이해해야 합니다. 또한 음양의 섭리를 알아야 하고, 진영의 배치를 통찰하며, 포진 상태를 읽어야 비로소 뛰어난 장수라 할 수 있지요. 저는 이미 3일 전에 오늘 안개가 낄 것을 예측했기 때문에 10만 개의 화살을 준비할 시간이 3일이면 충분했습니다."

노숙이 이를 주유에게 전하자, 주유는 제갈량의 기지와 능력에 감탄하면서도 그의 상대가 될 수 없음을 느끼며 한숨을 내쉬었다. 하지만 그들에게 당면한 큰 적은 조조였다. 주유는 제갈량과 함께 조조를 어떻게 공격할지 의논하기 시작했다. 두 사람은 각자의 계획을 손바닥에 써서 서로에게 보여주었는데, 둘 다 '화火' 자가 적혀 있었다. 두 장수는 조조 군대에 화공을 사용하기로 결의했다.

조조는 채모의 동생이자 부장인 채중과 채화가 자신을 배신한 것처럼 꾸며 주유에게 보냈다. 오나라 군대에서도 주유와 마찬가지로 화공책을 생각한 황개가 자진해서 실행책으로 나섰다. 황개는 주유와 상의하여 마치 배신한 것처럼 꾸며 조조에게 항복을 알렸다. 마침 조조는 황개가 조조에게 항복하기를 진언하여 매를 맞았다는 채중의 밀서를 받았다.

이 계략에 속은 조조는 의심 많은 성격에도 불구하고 고육계高肉計로 의심하지 않고, 밀서의 내용을 믿었다. 결정적인 실수는 큰 배 20척과 50척을 쇠고리로 연결해 북방 출신 병사들의 멀미를 방지하려 한 것이다. 그는 이렇게 큰 배를 묶어 거대한 전선으로 만들면 수전에 약한 북방 병사들이 지친 상태라도 버텨낼 수 있을 것이라고 생각했다.

주유는 이를 대비해 황개와 함께 준비를 갖추고 있었지만 여전히 바람의 방향이 걱정되었다. 이제 남은 것은 조조 측에 부는 동남풍을 기다리는 일뿐이었다. 하지만 11월에 이 지역에서는 북서풍이 분다는 것이 문제였다.

그러자 제갈량은 말한다.

"저는 기문둔갑奇門遁甲의 술법을 가지고 있으니 바람을 부를 수 있습니다. 동남풍을 바란다면 남병산에 높이 7척의 칠성단을 쌓아 주십시오. 저는 그 제단 위에서 술법을 이용하여 11월 20일에 동남풍이 불게 하겠습니다.”

주유는 바로 칠성단을 쌓게 했다. 제갈량은 제단에 올라 방향을 확인한 후 향을 피우고 주발에 물을 부은 다음에 하늘을 향해 주문을 외웠다.

한편 황개는 건조한 풀과 섶나무를 수십 척의 배에 싣고 기름을 부어 유황과 연초를 뿌린 후 기름을 먹인 푸른 천으로 덮어서 감췄다. 뱃머리에는 빽빽하게 큰 못을 박고 조조의 신호에 따라 청룡기를 세웠으며 배 뒷부분에는 도망치기 위한 배를 연결해두었다.

미풍조차 없던 바람이 한밤중에 요란한 소리와 함께 동남풍으로 바뀌어 밤공기를 뒤흔들었다. 그것을 지켜보던 제갈량은 서둘러 칠성단에서 내려와 강기슭으로 향했다. 큰바람이 불기 시작하면 주유가 자객을 보낼 거라고 예견했기 때문이다.

강기슭에는 조운이 나룻배에서 기다리고 있었다. 제갈량은 추격대를 돌아보며 “주도독에게 전하거라. 제대로 싸우라고.”라는 말을 남기고 떠났다.

제갈량의 기문둔갑의 술법

천문과 점성술에 능통한 제갈량은 동남풍을 불게 했다.

적벽대전 4: 조조, 적벽대전에서 대패하다

11월 20일 깊은 밤, '선봉황개'라고 적힌 깃발을 앞세운 황개의 화선 20척이 청룡기를 세우고 적벽을 향해 나아갔다. 뒤를 이어 한당, 주유, 장흠, 진무의 부대가 각각 300척의 군선을 이끌고 있었고, 각 부대 앞에는 20척씩의 화선이 강 수면을 미끄러지듯 나아가고 있었다.

조조는 망루에서 멀리서 다가오는 배들을 보며 척후의 보고를 들었다. 척후는 "모든 배에 청룡기가 걸려 있고, '선봉황개'라고 적힌 배가 선두에 있습니다."라고 보고했고, 이에 조조는 황개가 드디어 오는구나 하며 기뻐했다.

그런데 가만히 주시하던 정욱이 "아, 저 배는 가짜입니다. 본진에 가까워져서는 안 됩니다!"라고 외쳤다.

조조는 의아하다는 듯 돌아봤다. 정욱은 먼저 조조 앞으로 온

"오늘 밤 식량을 쌓고 배가 떠납니다."라는 황개의 밀서를 확인했다. "식량을 쌓았다고 하면 저렇게 배가 빠를 리가 없습니다. 게다가 선체가 물에 많이 잠기지 않았습니다." 정욱의 말을 들은 조조는 당황했으나 이미 때는 늦었다. 조조의 군선이 동요하기 시작했다.

그 혼란을 바라보던 황개가 신호를 보냈고, 20척의 화선은 한꺼번에 불을 뿜으면서 동남풍에 밀려 수군 본진으로 돌진했다. 화선에서 치솟는 거센 불길은 순식간에 조조의 군선으로 옮겨붙었다. 각 부대의 화선도 사방에서 덮쳐왔고, 바람을 타고 불길은 점점 더 거세졌으며, 장강의 수면은 불길로 붉게 물들었다. 조조의 군사들은 이 아비규환 속에서 어디로 도망갈지 몰라 허둥댔다.

조조는 승산이 없다고 판단하여 본선을 버리고 장료가 모는 나룻배를 타고 강기슭으로 향했다. 한당, 주태의 네 부대가 양쪽에서 포위하여 조조의 남은 군선을 공격했고, 가운데는 주유, 정보, 서성, 정봉의 본대 군선이 돌진해서 개미를 깔아뭉개듯이 조조 군대를 섬멸했다. 조조 군대의 사망자는 수를 셀 수 없을 정도였고 가련한 시체들이 첩첩이 쌓였다.

조조는 장료의 보호를 받으며 말을 타고 오림으로 후퇴했고, 쫓아오는 오나라 군사를 떨쳐내며 장합과 합류해 오림 서쪽에 도착했다. 이전, 허저와도 합류했지만 목적지는 오림에서 까마득히 먼 강릉이었다.

배고픔과 피로에 시달리던 조조가 간신히 조운의 추격을 따돌

조조군의 주요 부장과 책사 · 참모

※공융은 조조와의 대립으로 적벽대전 전에 처형(208년 8월)된다.

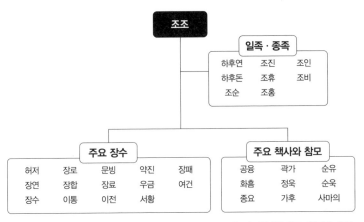

참고 자료: 『재미있을 정도로 쉽게 읽히는 삼국지』

리자 이번에는 장비의 공격이 닥쳐왔다. 겨우 사지를 벗어나 그들이 도착한 곳은 험준한 화용도였다. 계속되는 위기와 추격 속에서 조조의 병사는 2백 명밖에 남지 않았다. 그런데 이때 조조는 말 위에서 채찍을 들며 웃음을 터뜨렸다. "제갈량이 지략에 뛰어나다고 하더니 얼마나 무능한가. 이곳에 복병을 숨겨뒀으면 우리를 포로로 잡아갈 수 있었을 텐데 말이야."

그의 말이 끝나기 무섭게, 길가에서 5백 명의 군사가 칼을 뽑고 나타났다. 그들을 이끌고 있는 무장은 청룡언월도를 들고 적토마를 탄 관우였다.

적벽대전 공방 지도

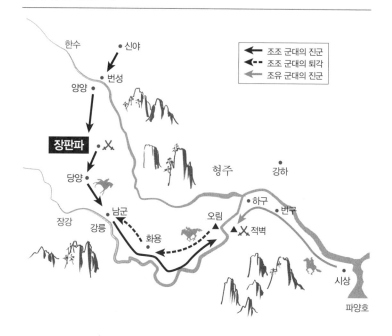

한수

신야

번성

양양

조조 군대의 진군
조조 군대의 퇴각
조유 군대의 진군

장판파

당양

형주

강하

장강

남군

강릉

화용

오림

적벽

하구

번구

시상

파양호

30 적벽대전 5: 의를 중시하는 관우, 조조를 살려주다

조조는 화용도에서 기다리고 있던 관우를 보자 침착하게 말했다.

"장군, 오랜만에 뵙습니다. 잘 지내셨는지요?"

"잘 지냈습니다. 승상이 반드시 화용도를 지날 거라고 공명공이 말씀하기에 오시기를 기다렸습니다."

두 사람은 안부를 물으면서 인사를 나누었다.

"맹덕은 이미 도망갈 길이 없습니다. 과거의 인연으로 장군의 자애에 매달릴 수밖에 없지요."

"승상, 제가 안량과 문추를 베어 은혜를 갚지 않았습니까."

"장군이 허도를 떠났을 때 내 부장 여섯 명을 죽인 일을 잊으셨는지요. 내가 추격대에게 그냥 두라고 명령한 겁니다. 장군은 '의'를 중요하게 생각하는 대장부지요. 『춘추』에서 유공지사와 자탁유자의 고사를 떠올려주십시오."

이 고사는 춘추 시대에 정나라 장수 자탁유자가 병에 걸려 활을 당길 수 없을 때 적국의 장수 공지사가 자탁유자에게 은혜를 갚기 위해 화살촉을 제거한 화살 네 대를 쏜 후 돌아간 이야기다. 이 고사를 인용한 조조는 관우에게 은혜와 정의를 강조했다.

관우는 말문이 막혔다. 어쩔 수 없다고 탄식하며 화용도 사이로 조조 일행을 놓아주었다.

제갈량은 이미 관우가 조조를 놓아줄 것을 예상하고 있었다. 그래서 관우를 화용도에 매복시키고 장비는 호로곡에, 조운은 오림에 배치해 조조의 퇴로를 차단하려 했던 것이다.

관우가 조조를 놓아주었기 때문에 제갈량은 겉으로는 관우를 처벌하려는 듯했지만 유비가 말리기를 기다렸다가 죄를 감해주었다.

조조는 가까스로 목숨을 구해 사촌 조인의 마중을 받으며 남부성으로 들어가 잠시 휴식을 취했다. 이후 그는 형주 남부를 조인에게, 양양을 하후돈에게 맡기고 허도로 귀환해 권토중래를 기약한다.

한편 주유는 적벽대전의 승리를 손권에게 보고한 후 술에 취해 유비가 머무는 유강구로 향했다. 유비는 이제 태수와 같은 위엄을 지닌 인물이 되어 있었다. 유강구는 유강이 장강으로 흘러 들어가는 지점에 있었으며, 유비는 이곳에 성을 쌓고 군대를 주둔시켜 공안현을 설치했다.

주유는 유비와 제갈량을 증오했지만 지금 싸워야 할 상대는 조

관우, 화용도에서 조조를 놓아주다

전쟁의 패배로 퇴각하는 조조를 잡기 위해 매복하고 있던 관우는 갚아야 할 은혜와
의리에 따라 놓아줄 수밖에 없었다.

인과 조홍이 지키는 남군이었다. 주유는 남군을 오나라 영토로 만
들고 조조와 다시 싸울 계획을 세웠다. 주유와 조인은 계속해서 싸
웠지만 주유의 기세가 훨씬 더 강했고, 결국 조인과 조홍은 남군을
포기하고 양양으로 퇴각했다.

그러나 그 사이 제갈량이 교묘한 계략으로 남군을 점거하고, 가
짜 문서를 이용해 하후돈을 조인의 구원 군사로 보낸 후 허술해진
양양성을 관우가 빼앗도록 만들었다. 이렇게 힘들이지 않고 남군
과 양양을 손에 넣은 제갈량의 책략은 그야말로 진정한 어부지리
였다.

'적벽대전'에서 조조가 패배한 이유

어떤 뛰어난 장수라도 백전백승일 수는 없다. 조조도 몇 번이나 패배하였지만 그때마다 다시 일어나 더 강해졌다.

조조는 기원전 500년경에 손무가 저술한 『손자병법』의 주석자다. 이 병법에는 '백전백승은 최고의 선이 아니다. 전투하지 않고 이기는 것이 최고의 선이다.'라는 전략이 있다. 싸우든 이기든 나라가 피폐해지면 결국 총체적인 위기를 초래할 수밖에 없기 때문이다. 조조도 그렇게 생각했다.

적벽대전에서도 조조는 이러한 생각을 바탕으로 손권에게 항복을 요구했다. 형주의 유종을 힘들이지 않고 항복시킨 것처럼 오나라 역시 쉽게 자신의 비호 아래에 둘 수 있을 것이라 생각했을 것이다. 하지만 주유의 주전론이 장소의 항복론을 눌러버리고 손권에게 결전을 결의하게 했다.

손권의 결단은 조조에게 의외였을 것이다. 손권 진영에 속한 장소, 조조의 아들에게 딸을 시집 보낸 손분을 상대로 항복 공작을 펼쳤고 성공을 확신했기 때문이다. 그때 황개가 손권을 배신한다는 밀사를 보내왔다. 치밀한 성격의 조조도 가뭄의 단비처럼 반가워 곧이곧대로 믿었다. 율리우스 카이사르의 『갈리아 전쟁』에는 "사람은 믿고 싶은 것을 믿는다."라는 구절이 있다. 뛰어난 전략가로 알려진 조조도 결국 자신이 믿고 싶은 것을 믿는 인간적인 약점을 보였고, 이것이 적벽대전의 패배로 이어졌다고 볼 수 있다.

조조

손권

유비에게 형주를 대여하자는 노숙의 놀라운 절충안

확실한 주인이 없는 형주를 놓고 조조·유비·손권 세 세력 간의 쟁탈전이 벌어졌다. 『삼국지연의』에서는 조조가 남군의 수비를 조인에게, 양양의 수비를 하후돈에게 맡겼다고 나오지만 실제로는 강릉에 조인과 서황이, 양양에는 악진이 남아 있었다. 아무튼 조조군은 유종이 양보한 형주에서 철수하게 된다.

유비는 이후 형주의 남군을 시작으로 양양, 번성을 차지한 후 형주 남쪽의 무릉, 장사, 계양, 영릉까지 평정하여 세력을 확장했다. 이에 손권과 주유는 분노하여 유비가 형주를 차지한 것을 인정하지 않았다. 이러한 분노를 진정시키고 삼국 간의 균형을 유지하기 위해 노숙이 등장한다. 그가 제안한 것은 유비가 익주를 얻을 때까지 형주를 빌려주자는 놀랄 만한 절충안이었다.

이렇게 해서 우여곡절 끝에 유비는 본거지를 손에 넣게 된다. 손권이 유비에게 형주를 맡겼다는 소식을 들은 조조는 너무 놀란 나머지 들고 있던 붓을 떨어뜨렸다고 한다. 그 정도로 조조에게는 충격적인 사건이었다. 유비와 손권의 연합은 조조의 천하 통일이 어려워지는 것을 의미했기 때문이다.

노숙의 이러한 중재는 매우 중요한 역사적 의미를 가진다. 그는 조조에 대항할 '천하삼분지계'를 기본으로 한 제갈량의 전략을 지지하여 실질적으로 삼국 시대의 토대를 구축했다고 평가할 수 있다.

노숙

주유, 후한을 노숙에게 맡기고 병사하다

조조와의 적벽대전에서 제갈량의 지략과 주유, 황개의 용맹으로 승리를 거두었다. 하지만 손권은 합비에서 조조군과 대결해 패배하고 송겸, 태사자를 잃었다.

유비는 적벽대전 후 이적(자: 기백)을 문관으로 등용하고, 그의 추천으로 항주의 마량(자: 계상), 마속(자: 유상) 형제도 영입해 세력을 확장했다.

유비는 항주를 안정적으로 통치하기 위해서 마량의 계책을 이용하여 형주의 남쪽 영릉의 유도, 계양의 조범, 무릉의 김선, 장사의 한현을 평정했다. 이 전투에서 한현 휘하의 노장 황충(자: 한승)과 위연(자: 문장)이 유비에게 항복했다. 병치레가 심했던 유표의 아들 유기가 죽은 것도 비슷한 시기였다.

주유의 염원은 천하 통일이었다. 전략은 주유 자신이 직접 익주

의 유장을 토벌하고 마등의 아들 마초와 동맹해서 장안으로 진격
하는 동시에 손권이 강동에서 오나라 군대를 이끌고 허도를 공격
하여 조조를 협공하는 것이었다.

　노숙은 유기를 조문한다는 이유로 유비를 방문했는데 형주의
귀추를 둘러싸고 자주 부딪혔다. 제갈량은 "촉나라의 유장을 굴복
시킨 후에 형주를 넘기겠습니다. 그때까지 잠시 맡아두고 싶습니
다."라고 속여서 노숙을 설복시킨다.

　그런데 건안 15년(210) 12월에 주유가 36세의 나이로 병사한
다. 주유가 죽기 전에 손권은 유비의 아내 감부인이 사망하자 배다

유비의 진영에 새롭게 합류한 무장과 참모

마초　　　　　　황충　　　　　　위연

마량　　　　　　마속　　　　　　방통

른 여동생 손부인을 유비의 후처로 시집을 보냈다. 정략혼이었으나 부부애는 돈독했다.

주유에게 후사를 부탁받은 사람은 노숙이었다. 노숙은 천하삼분지계를 모색하는 제갈량에 동조하여 손권에게 우선 형주를 유비가 맡기자는 제안을 올려 허락을 받는다.

유비는 건안 16년(211) 5월 노숙과 제갈량의 권유로 봉추 즉, 방통을 책사로 기용한다.

같은 해, 조조는 비밀 계책으로 양주의 마등을 허도로 꾀어내 살해했다. 이에 마등의 아들 마초가 한수와 연합해서 동관 전투에 나선다. 조조는 황하와 위수가 합류하는 동관을 조인에게 지키게 하

동관 전투 공격 지도

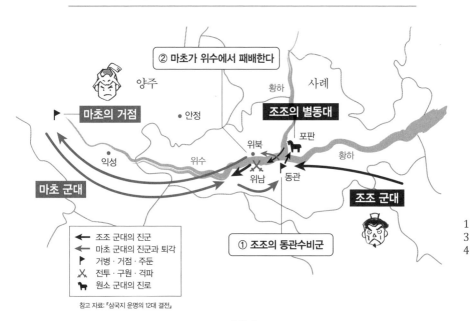

참고 자료: 「삼국지 운명의 12대 결전」

고 자신은 후군을 맡아 동관에서 강을 건너려고 했다. 하지만 마초와 한수 엽합군에게 공격을 당하면서 조조는 위기에 빠진다. 이때 조조를 구한 무장은 허저였다.

허저와 마초는 모두 용맹한 장수로서 이 전투에서 일대일 격투를 벌였다. 허저는 호후로 불리는 용맹한 장수였고 마초도 조조가 호걸이라고 부르던 대장부였다. 허저는 검술에 뛰어났고 마초는

마초와 한수를 반목시킨 이간책

조조는 마초가 강화를 청해오자 마초, 한수와 회담을 한다. 그때 조조는 일부러 한수와 친근한 듯 행동하며 사담을 나눈다. 또한 한수의 아버지와 자신이 과거 효렴에서 동기였다는 사실을 언급하며 두 사람의 인연을 부각했다. 이것이 조조의 이간책 중 첫 번째 단계로, 마초로 하여금 한수와 조조 사이의 친분을 의심하게 만들어 두 사람 간의 신뢰를 깨뜨리는 것이 목표였다.

다음으로 조조는 여러 번 고쳐 쓴 흔적이 있는 수상한 편지를 한수에게 보냈다. 이 편지를 본 한수는 의심을 품고 이를 마초에게 보여주었는데, 편지에 여러 수정을 거친 흔적은 마초로 하여금 한수가 조조와 내통하고 있다고 믿게 만들었다. 이것이 두 번째 이간책으로, 마초와 한수 사이에 본격적인 균열이 생기게 된 결정적인 계기가 되었다.

사실 동관 전투는 조조가 장로를 토벌하기 위해 군사를 일으켰을 때 마초와 한수가 자신들이 조조의 다음 목표라고 의심하여 시작된 전투였다. 즉, 마초가 거병했을 때 마등은 아직 살아 있었고, 마등이 살해된 것은 마초가 거병을 일으킨 후였다.

마초와 한수

창술에 뛰어났다. 두 사람은 몇 합이나 격투를 거듭했지만 승부가 나지 않았다.

결국 조조는 가후의 이간책을 사용하여 마초와 한수의 사이를 갈라놓아 그들의 연합군을 붕괴시키고 승리를 거두었다. 마초는 패배 후 장로에게 도망쳤고, 이후 은둔하게 된다.

유비,
익주를 얻다

장로는 오두미도(장릉이 창시한 도교의 교단)의 수장이자 장릉의 손자며 한중의 태수였다. 마초가 조조에게 패배하자 장로는 다음 공격 목표가 한중이 될 것을 우려하여 익주의 촉을 점령하여 근거지로 삼고자 했다.

익주의 별가로 있던 장송은 익주목 유장이 유약해서 촉나라 군사력으로는 장로를 막을 수 없을 것이라고 우려했다. 장송은 유장에게 '조조를 찾아가 장로의 토벌을 사주하겠다'는 의견을 올리고 허락을 받는다. 장송은 뛰어난 언변을 지녔지만 키가 작고 뻐드렁니에 목소리가 탁해서 외모로 무시당하기 쉬웠다. 예상대로 그는 조조에게 푸대접을 받았고, 깊은 원한을 품게 되었다.

장송은 유장에게 큰소리를 쳐놓았기 때문에 빈손으로 돌아가기에는 면목이 없었다. 그는 평소 어리석은 유장을 제거하고 유비에게 익주를 넘기고 싶어 했던 터라, 형주에 들르기로 했다.

유비의 관용적인 태도에 감명받은 장송은 익주를 맡길 만한 인물은 이 사람뿐이라고 확신했다. 그는 유비에게 이렇게 제안했다. "유장은 어리석고 유약하여 현명한 인재를 등용하지 못합니다. 유황숙께서 촉을 다스리고 한중을 공격하여 중원을 평정하신다면 한 왕조의 부흥을 이룰 수 있을 것입니다."

장송의 설득은 제갈량의 천하삼분지계에 구체성을 더한 것이었다. 유비는 그 제안이 인의에 어긋난다며 즉답을 피했지만 장송은 촉으로 가는 상세한 지도를 건넸다. 그는 촉으로 돌아가 맹우인 법정(자: 효직), 맹달(자: 자경)과 상의하겠다고 말한 뒤 떠났다. 촉나라로 돌아온 장송은 유비에게 익주를 넘기겠다는 뜻을 두 사람과 이야기한 후 유비에게 보고한다.

유장은 장로의 공격을 막기 위해 유비에게 원군을 요청하려 했지만 주부 황권 등 일부 관료들은 이에 반발했다. 유장은 이러한 반대를 무시하고 유비에게 친서를 보내 원군을 요청했다.

유비는 처음에 익주 점령을 거절하였지만 방통의 조언에 마음을 바꾼다. "천하를 평정한 후에는 의로써 보답하고 일을 정한 후에는 큰 나라로 봉해준다면 신의에 거스를 것이 무엇입니까? 빼앗을 수 있을 때 빼앗지 않으면 결국 다른 이에게 빼앗깁니다." 이에 유비는 제갈량과 상의한 뒤 건안 16년(211) 겨울, 1천 명의 군사를 이끌고 촉나라로 향했다.

유장의 환대를 받던 유비는 갑자기 장로가 가맹관을 공격했다는 소식을 듣고, 유장의 요청으로 즉시 진군했다.

한편 손권은 형주를 계속 유비에게 맡길 수 없다고 판단했다. 그는 우선 손부인의 어머니 오국태가 위독하다는 거짓말로 손부인을 오나라로 소환했다. 이때 손권은 유비의 아들 아두를 유괴하려 했으나 조운의 기지로 이 계획은 사전에 저지되었다.

유비에게는 아내가 몇 명 있었을까?

유비의 정실부인은 네 명이었다. 첫 번째 부인에 대한 기록은 거의 남아 있지 않다. 두 번째 아내는 유비를 금전적으로 지원한 미축의 여동생 미부인(196년 정실이 됨)이고, 세 번째 아내는 손권의 여동생 손부인(209년 정실이 됨)이다. 네 번째 아내는 촉나라 수립(211) 후 맞이한 오부인(목황후)이다.

애첩은 유선을 낳은 감부인으로, 유선이 2대 황제가 되었기 때문에 사후에 소열황후로 추존되었다. 유비에게는 차남 유영과 삼남 유리도 있었지만 친모의 이름은 알려지지 않았다. 이를 통해 유비에게 여러 명의 첩이 있었음을 알 수 있다.

『삼국지연의』에 따르면 미부인은 장판파에서 조조 군대로부터 도망칠 때 아두(유선)를 보호하던 조운에게 방해가 되지 않기 위해 우물에 몸을 던졌다고 하지만 이는 완전한 허구다. 손부인도 무술을 좋아하는 열녀로 그려지지만 정사 『삼국지』에는 그러한 내용이 없다. 손부인은 유비가 촉나라로 출병한 후에 오나라로 귀향하는데 이후 등장하지 않는다. 「모종강본」에만 유비가 죽은 뒤에 장강에 몸을 던졌다고 쓰여 있다.

이렇듯 유비의 결혼 생활에 대한 기록은 역사적 사실과 소설적 창작이 뒤섞여 있어 정확한 진실을 파악하기 어렵다.

33 유비, 촉나라 공략전에서 방통을 잃다

조조는 마초와 한수를 격파하고 적벽의 원통함을 털어내면서 권위를 더욱 드높였다. 장사(삼공의 보좌) 동소는 지금까지 조조의 공적을 보면 위왕이 될 만하다고 진언한다. 이에 정면으로 이의를 제기한 사람은 순욱이었다. 상서령·시중(관방장관에 해당)으로 헌제를 보좌하던 순욱은 '한 왕조를 돕는 일이 본의'라며 반대했다.

위나라(조위曹魏)의 건국을 심중에 품고 있던 조조는 순욱을 원망한다. 조조는 명사를 중용했으나 자신에게 복종하지 않는 태도는 불편했다.

조조는 유수로 진군하는 중에 순욱에게 빈 상자를 보낸다. 순욱은 그 뜻을 헤아려 스스로 독을 마시고 죽는다. 건안 17년(212) 10월에 있던 일이다.

조조도 양심의 가책을 느꼈지만 당시는 유수구에서 벌어진 손

1
4
0

권과의 전투(유수 전투)에 집중해야 했다. 결국 승패를 가리지 못한 채 서로 군사를 퇴각시킨다.

한편 가맹관의 유비는 제갈량의 편지를 통해 손부인의 오나라 귀향과 유수 전투 소식을 접했다. 유비는 어느 쪽이든 승자가 형주를 노릴 것이라고 생각하여 방통과 함께 형주로 귀환할 계책을 세운다.

방통은 "형주에는 제갈량이 있으니 괜찮습니다. 그것보다 형주로 돌아갈 구실을 만들기 위해 손권이 조조에게 공격을 받고 있다며 유장에게 원군을 요청하십시오. 손권과 동맹을 맺고 있어서 요청에 응해야 하니 일단 형주로 돌아가고 싶다고 서신을 보내면 됩니다."라고 말한다.

유비는 유장에게 서신을 보내는데, 이것을 본 장송은 유비의 결정을 뒤집기 위해 '형주로 돌아가지 말고 바로 성도로 진격하십시오.'라는 밀서를 보낸다. 하지만 그 밀서는 분실되고 그 사실을 유장이 알게 되어 장송은 참형된다.

이로 인해 유비와 유장은 적으로 돌아서게 되며, 촉나라 공략전이 시작된다.

유비는 백수관을 빼앗고 낙성을 점령하는 데 성공하지만 예기치 못한 큰 손실을 겪는다. 방통의 죽음이 바로 그것이었다. 제갈량은 유비에게 형주가 안전하다는 편지를 보냈는데, 그 편지에는 장군에게 흉조가 있으니 조심하라는 경고도 담겨 있었다. 유비는 이를 방통에게 전하며 조심하라고 당부했으나 방통은 이를 가볍게 여기며 "흉조는 촉나라를 손에 넣을 징조일 뿐입니다."라고 응수한다.

유비는 불길한 예감을 느끼고 자신의 백마를 방통에게 주었다. 하지만 방통이 진군하는 길에는 낙봉파라는 언덕이 있었고, 그곳에 매복해 있던 복병은 백마를 탄 방통을 유비로 오인한다. 방통은 결국 화살을 맞고 죽음을 맞이하게 된다. 불과 36세의 나이였으며, 유비에게는 큰 손실이었다.

젊은 나이로 사망하여 활약할 기회가 적었던 방통

방통은 와룡 제갈량과 나란히 봉추라 불릴 정도로 유능한 인물이었으나 그 재능에 비해 활약하는 장면이 너무 적다.

적벽대전에서 방통은 오나라에 직접 가서 주유에게 화공 계책을 제안하고 조조의 배를 사슬로 엮는 전략을 직접 실행한다. 이 계책으로 인해 조조의 수군은 전멸한다.

그는 노숙과 제갈량의 추천으로 유비를 섬기게 된다. 그리고 군사 중랑장으로 익주 침공 시 지략을 구사한다. 하지만 낙봉파에서 유장 군대가 쏜 화살을 맞고 허무하게 죽는다. 갑자기 등장해서 갑자기 사라져버린 꼴이다.

진수는 『삼국지』에서 방통을 "인물평의 대가로 유교의 성전·경서를 연구하여 경학에 뛰어나고 지략이 뛰어나며 당시 형주 등의 명사 중에 재능이 풍부한 인물"이며 "위나라의 순욱에 필적한다."고 묘사하고 있다.

촉나라 신하 중에는 법정에 필적하는 인물로 평가받는다.

제갈량이 예상한 대로 방통은 유비의 애마인 적로에 타고 있었기 때문에 목숨을 잃는다.

34 유비, 촉나라의 성도를 공략하다

방통이라는 날개를 잃은 유비는 사기가 꺾였다. 반면 유장 군대의 기세는 더 높아졌다. 이에 유비는 배성으로 물러나서 수비를 철저히 한 다음에 관평을 형주로 보내 제갈량이 참전하도록 했다.

이때 신선의 기술을 구사하는 제갈량은 돌연히 통곡하였다. 방통의 죽음을 알아차린 것이다. 유비의 명령이 제갈량에게 도착했을 때는 이미 전략을 결정한 후였다. 먼저 관우에게 형주 수비를 맡기고 문관인 마량, 이적과 무장인 미방, 요화, 관우의 양자 관평 등에게 보좌를 명령했다. 또한 조운을 선봉에 세우고, 장비에게는 1만의 군사를 주어 본가도를 통해 낙성의 서쪽으로 진군하게 했다. 제갈량 자신은 문관 간옹, 장완 등과 1만 5천의 군사를 이끌고 후방 부대를 맡았다.

제갈량은 장비에게 규율을 엄격하게 하여 백성의 약탈·폭행과 같은 가당찮은 일을 범하지 않게 하라고 훈계를 하고 진군시킨다. 평소 성격이 급하고 병사를 채찍으로 때리는 버릇이 있는 장비였지만 이번에는 그러한 버릇을 버리고 순조롭게 진격한다.

장비를 막아선 사람은 파군 경위를 맡은 노장 엄안이었다. 장비는 엄안을 생포하지만 노장의 용맹한 태도에 감동하여 절을 하고 경외심으로 예우했다. 이에 의협심이 있는 무장이었던 엄안은 깨끗하게 항복하고 장비를 낙성까지 안내한다.

제갈량과 조운도 이렇다 할 반격을 받지 않고 진군하여 장비와 더불어 유비와 합류한다. 그리고 최강의 수장인 장임을 생포하여 낙성으로 들어간다.

유장은 유비가 격퇴되면 익주의 상당한 영지를 할양하겠다고 약속하며 원수 장로에게 원군을 청하였고, 이익에 집착하는 장로는 흔쾌히 승낙했다. 하지만 장로의 선두 부대는 조조에게 패하고 장로에게 의탁하고 있던 마초가 나섰다.

유비는 면죽관을 획득하면 성도 공략은 촛불을 끄는 것이나 다름없다는 항복한 촉나라 장수의 말을 믿고 진군한다.

한편 장로 군대의 선두에 섰던 마초는 가맹관으로 진군하여 장비와 대결한다. 사나운 두 무장이 말 위에서 자유자재로 움직이며 일대일로 싸우는 모습은 마치 대가가 춤을 추는 듯했다.

제갈량은 두 무장이 다칠 것을 염려해 교묘한 계책으로 싸움을 중단시키려 한다. 제갈량은 장로를 한녕왕으로 추대하겠다는 상소문을 올려서 장로가 마초에게 철수를 명령하도록 한다. 하지만 타고난 무인 기질을 지닌 마초는 이 명령을 따르지 않고 장비와의 승부를 끝까지 보려고 한다. 그러자 장로는 마초의 반역을 의심하기 시작한다. 동쪽에는 장로, 서쪽에는 유비 사이에 낀 마초의 운명은 일발천균一髪千鈞이었다. 그때 제갈량이 마초에게 항복을 제안한다. 한 줄기 빛을 찾은 마초는 동생 마대와 함께 유비의 신하가 되기를 맹세한다.

이제 유장은 대항할 힘을 잃었다. 유비는 유장의 손을 잡고 "인의를 저버릴 마음은 없었습니다. 연변 인사의 의심 때문에 이러한 상황이 되었습니다. 유장공을 해칠 생각은 없습니다."라고 말하며 남군의 공안으로 보냈다.

이렇게 해서 영토가 없던 유비도 건안 19년(214)에 거점이 정해지게 되었다.

촉나라 공략 지도

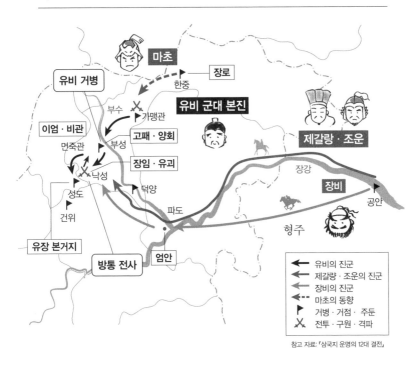

마초

유비 거병

장로

한중

부수

가맹관

유비 군대 본진

이엄 · 비관

고패 · 양회

제갈량 · 조운

면죽관

부성

장임 · 유괴

장강

장비

낙성

덕양

공안

성도

파도

건위

형주

유장 본거지

방통 전사

엄안

←	유비의 진군
←	제갈량 · 조운의 진군
←	장비의 진군
◄--	마초의 동향
▶	거병 · 거점 · 주둔
✕	전투 · 구원 · 격파

참고 자료: 「삼국지 운명의 12대 결전」

합비 전투와
위나라의 건국

손권은 속이 탔다. 유비가 형주를 약속대로 돌려주지 않았기 때문이다. 그는 제갈량의 형 제갈근을 성도로 보내서 유비와 담판을 짓게 했다. 유비는 장사, 영릉, 계양의 3군을 반환하겠다고 약속하지만 형주를 수비하는 관우는 이를 단호하게 거절했다. 그러자 손권은 노숙을 보내 관우와 상대하게 하는데, 확실한 답을 주지 않고 요리조리 피하기만 했다.

그러던 중 조조가 30만 군대를 보내 강동을 공격하기 시작했다는 소식이 전해졌다. 손권은 합비와 유수로 군사를 움직여 막으려고 했지만 그때는 조조가 군대를 퇴각시켰기 때문에 아무일 없이 상황이 정리되었다.

조조는 점차 자신의 권력을 강화하였다. 건안 19년(214), 복황후의 조조 암살 음모가 발각되자 조조는 복황후를 처형하고 자신의 딸을 헌제의 황후로 책봉하면서 사실상 후한의 조정을 완전히 장악했다. 이후 조조는 서쪽의 한중 지역을 정복하기 위해 장로를 공격했고, 장로의 맹장 방덕을 모함하여 신뢰를 잃게 만들었다. 결국 장로는 조조에게 항복하고, 한중 지역은 조조의 손에 들어갔다. 장로와 방덕은 극진한 대우를 받았지만 자신의 이익에 눈이 멀어 주군을 배신한 양송은 결국 처형당한다.

조조의 다음 목표는 촉나라였다. 제갈량은 조조의 공격을 다른 방향으로 돌리기 위해 먼저 제갈근에게 약속한 3군을 반환한다. 그렇게 손권을 안심시킨 다음 이적을 통해 합비에 출전하도록 설득한다.

손권은 제갈량의 속셈을 알았지만 조조가 한중에 있는 동안 합비를 공격할 기회를 놓칠 수 없었다. 이에 건안 20년(215) 손권은 직접 여몽, 감녕, 능통을 이끌고 합비를 공격했다. 이 전투에서 조조군의 장수 장료는 치열한 공방전을 펼쳤다. 공방은 일진일퇴였지만 이대로는 끝까지 방어하기 어렵다고 예단한 장료는 조조에게 원군을 요청한다. 조조는 촉나라 공략을 포기하고 하후연을 한중에 주둔시킨 후 합비로 향한다. 군사는 40만의 대군이었다.

합비 전투에서 손권은 장료와 서황의 공격에 포위되어 위험에 처했으나 주태의 도움으로 간신히 탈출했다. 조조도 육손이 이끄는 배의 습격으로 위험한 상황을 맞았으나 가까스로 도망쳐 돌아왔다. 이 전투는 여러 차례의 충돌을 거듭했으나 양측 모두 결정적인 승리를 거두지 못했다. 결국 손권은 장흠과 주태를 유수구에 남겨두고 말릉(건업)으로 철수했고, 조조도 조인과 장로를 합비에 주둔시키고 허도로 돌아갔다.

허도로 돌아온 조조는 문관들에게 자신을 위왕으로 책봉하라는 상소문을 작성하게 했고, 헌제는 이를 승인할 수밖에 없었다. 결국 건안 21년(216) 5월, 조조는 위왕에 올라 사실상 조위의 건국을 이루었다.

괄목상대刮目相對

손권은 여몽을 아꼈지만 학문이 부족한 것을 걱정하였다. 공부를 싫어하던 여몽도 주군의 명령에 따르지 않을 수 없다. 여몽은 분투하여 밤낮으로 독서에 매진하며 지식을 축적했다.

노숙이 여몽과 대화를 나눠보니 놀라울 정도로 교양을 갖추고 있었다. 노숙은 "이미 자네는 내가 알던 오하의 여몽이 아닐세"라고 감탄했다. 그때 여몽이 "남자는 3일을 만나지 않으면 눈을 비비고 다시 봐야 합니다."라고 대답했다는 데서 생겨난 고사성어가 괄목상대(눈을 비비고 상대를 다시 보다)다. 이 고사성어는 결심하고 노력하면 짧은 시간 안에 큰 변화를 이룰 수 있다는 교훈을 전한다.

유수구·합비 전투 공방 지도

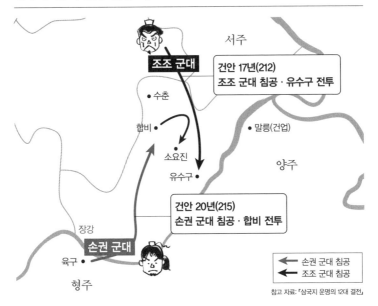

서주

조조 군대

건안 17년(212)
조조 군대 침공 · 유수구 전투

• 수춘

합비 •

• 말릉(건업)

소요진

유수구 •

양주

건안 20년(215)
손권 군대 침공 · 합비 전투

장강

손권 군대

육구 •

형주

← 손권 군대 침공
← 조조 군대 침공

참고 자료: 「삼국지 운명의 12대 결전」

삼국지

36 노장 황충과 엄안, 교병지계로 위나라 군대를 무너뜨리다

건안 21년(216), 조조는 위왕에 올라 실질적으로 위나라의 건국을 이루었지만 후계자 문제로 여전히 고민이 깊었다. 원소와 유표처럼 후계자를 결정하지 못해 나라가 멸망하는 것을 피하고 싶었던 조조는 결국 조비를 후계자로 삼기로 결정한다. 이로써 위나라는 후계자로 인한 내분을 피할 수 있게 되었다.

어느 날 조조는 명성 높은 점술가 관로에게 점괘를 부탁했다. 관로는 "오나라는 대장을 잃고, 촉나라는 한중을 침범할 것입니다."라는 점괘를 내놓았지만 조조는 이를 대수롭지 않게 여겼다. 하지만 곧이어 오나라에서 노숙이 사망했다는 소식이 들리자 불안해진 조조는 한중의 정세를 재빨리 알아보도록 명령했고 장비와 마초가 한중의 경계를 위협하고 있다는 보고를 받았다.

한중의 수비는 하후연과 장합이 맡고 있었다. 격노한 조조는 조홍에게 5만의 군사를 주어 출병시켰다. 허도의 수비는 3만의 군사를 주고 하후돈에게 맡겼다.

장합은 험한 산세를 이용해 탕거채, 몽두채, 탕석채 세 곳에 3만의 군사를 배치하여 장비에 대항했다. 장비가 맞서서 공격하면 군사를 후퇴시켜 바위 사이에 숨는 전술을 펼쳤고, 이로 인해 전선은 50일이나 교착 상태에 빠졌다. 인내가 필요한 싸움이었다.

이때 장비가 산중 요새에 진영을 설치하고 매일 술에 빠져 지낸다는 소식을 들은 유비는 놀라서 제갈량에게 계책을 묻는다. 제갈량은 껄껄 웃으며 "그것은 익덕공(장비)의 계략입니다. 50독의 술을 더 보내드리지요."라고 말한다.

술을 3대의 수레에 실어 위연魏延이 운반했다. 장비는 싱글거리며 술을 받고 위연 일행을 산중 요새에 숨어 있게 한 후 진영에서 술을 마셨다.

결국 장합은 분노를 참지 못하고 군대를 이끌고 탕거채에서 내려와 장비를 공격했지만 그것은 짚으로 만든 허수아비였다. 함정임을 깨달았을 때는 이미 늦어서 장비의 기습 공격을 받고 말았다. 장합이 장비에게 힘겹게 맞서는 동안 위연의 군대는 몽두채와 탕석채를 공격해 위나라 군사들을 흩어놓았다. 결국 장합은 퇴각할 수밖에 없었고, 결국 유비군의 대승리로 끝났다.

이후에도 장합은 여러 차례 장비와 맞붙었지만 번번이 패배했다. 이에 조조는 패전의 책임을 물어 가맹관 공격 지원 명령을 내렸다. 이에 법정의 전략에 따라 촉나라 진영에서는 노익장을 과시하는 황충과 부장 엄안이 출전했다.

위나라의 장수 하후상과 한호는 나이 든 황충과 엄안을 얕보고 맹렬히 공격했다. 황충과 엄안은 처음에는 기세에 눌려 물러나는 듯했으나 이는 상대를 교만하게 만들어 방심하도록 유도하는 교병지계驕兵之計였다. 위나라 군대가 방심한 틈을 타 반격을 가해 하후상과 한호를 격파했다.

승기를 잡은 황충과 엄안은 위나라 군대를 맹렬히 추격했다. 하후상과 한호, 장합은 군사를 제대로 정비하지 못한 채 하후덕夏侯德이 수비하는 천탕산으로 달아났지만 한호는 추격해온 황충의 칼에 찔리고 말았다. 한편 엄안은 미창산에 있는 위나라의 군량 기지에 불을 질러 위나라 군대의 보급로를 차단했다. 게다가 하후덕마저 전사하여 위나라 군대는 큰 타격을 입었다. 이렇게 황충과 엄안 두 노장의 활약으로 촉나라는 한중 전투에서 대승을 거두었다.

조조에게 내려진 구석九錫이란?

구석이란 천자가 나라의 공로자에게 수여한 다음의 아홉 가지 물품이다.

거마	금 마차(임금이 타는 수레)·군 마차(호위병이 타는 수레)
울창주	검은 기장과 울금향으로 빚은 술
악기	왕의 악기
주호	붉은 칠을 한 문
부월	권위의 상징인 도끼
호분	문을 지키는 3백 명의 근위병
의복	왕이 입는 곤복과 면류관, 붉은 신발
납폐	신발을 신고 전상에 올라갈 수 있다.
궁시	붉은 활 한 벌·붉은 화살 백 개
	검은 활 열 벌·검은 화살 천 개

본래 천자에게만 허용된 물품이지만 공적이 큰 제후에게도 특전으로 하사했다. 황제 자리를 넘겨주는 선양을 약속하는 의미로 주는 것이기도 했다고 한다.

조조는 이미 위공이 되었을 때 헌제에게 구석을 하사받았다. 하지만 조조는 선양을 받지 못한 채 죽고, 조비가 헌제에게 강요해서 선양받게 된다.

37

유비, 조조에게 승리하여
한중의 왕이 되다

건안 23년(218) 가을, 촉나라 군대는 이전 전투의 승리로 기세가 올랐다. 장비, 조운, 장비의 양자 유봉이 선두 부대를 이끌었고, 노장 황충이 법정과 함께 그 뒤를 따랐다. 이들은 하후상과 장합이 후퇴한 양평관을 향해 진격했다.

조조는 허도에서 서둘러 돌아온 조홍에게 위나라 군대가 퇴각하고 있다는 소식을 듣자마자 벌떡 일어나서 직접 40만 군대를 셋으로 나누어 출정에 나선다. 하후돈이 선두, 조조가 중앙, 조휴曹休가 후미를 맡았다. 남정南鄭에 도착한 조조는 즉시 전략을 수립했다.

조조는 혈기 넘치는 하후돈을 걱정하여 "장수는 강함과 부드러움을 겸비해야 하니, 용맹만을 믿어서는 안 된다."는 조언을 담은 친서를 보냈다.

그러나 전장의 상황은 조조의 우려를 현실로 만들었다. 정군산의 산허리에 진을 치고 있던 황충의 군대가 갑자기 북을 울리며 승리의 함성을 내질렀다. 성난 파도와 같이 밀려오는 촉나라 군대의 공격에 위나라 군대는 순식간에 혼란에 빠졌다. 그 혼란 속에서 황충은 직접 하후연에게 달려들어 단칼에 목을 베어버렸다. 한편 장합은 산에서 뛰쳐나온 조운의 군대에 쫓기다가 겨우 한수漢水까지 도망쳐 조조에게 이 비보를 전했다. 하후연의 죽음을 알게 된 조조는 깊은 슬픔에 빠져 통곡했다.

정군산에 진을 친 조조는 서황과 왕평을 내보냈다. 서황은 군대를 독려하여 한수를 건너 강 근처에 진을 쳤다. 그를 맞이한 것은 황충과 조운이었다. 서황은 여러 차례 싸움을 걸었지만 촉나라 군대는 꿈쩍도 하지 않았다. 포기하고 돌아가려던 찰나, 황충과 조운이 갑자기 공격을 개시했다. 준비되지 않은 서황의 군대는 순식간에 무너져 한수는 피바다가 되었다. 서황은 겨우 도망쳤고 왕평은 홀로 조운에게 항복했다.

이 상황을 지켜본 조조는 더 이상 물러설 곳이 없음을 깨닫고 직접 한수로 대군을 진격시켰다. 양측 군대는 강을 사이에 두고 대치했다. 초조해진 위나라 군대가 먼저 싸움을 걸었지만 촉나라 군대는 움직이지 않았다.

그때 제갈량의 묘책이 빛을 발했다. 깊은 밤, 위나라 군대가 잠들어 있을 때 촉나라 군대는 북과 피리를 울렸다. 위나라 군사들은 습격이라 생각해 허둥지둥 일어났지만 적의 모습은 보이지 않았다.

다시 잠자리에 들려는 순간 화포 소리와 함께 승리의 함성이 울려 퍼졌다. 이러한 상태가 3일 밤 계속되자, 밤마다 시달린 위나라 군대는 지쳐 진영에서 퇴각하기 시작했다. 제갈량은 이를 보며 "조조는 병법을 알지만 비상한 계책을 모른다."고 평했다.

다음 날 유비는 제갈량의 조언에 따라 한수에 배수진을 치고 조조와의 최후 결전을 준비했다. 이 전략은 탁월했다. 공격하는 듯 보이다가 후퇴하자 위나라 군대가 뒤쫓아왔고, 그 순간 마초의 신참 군대가 측면에서 기습 공격을 가했다. 혼란 속에서 조조는 위연이 쏜 화살에 부상을 입었고 위나라 군대는 결국 무너지고 말았다.

이렇게 한중 전투는 촉나라의 대승리로 막을 내렸다. 전투가 끝난 후 제갈량은 유비에게 한중의 왕이 되어 마땅하다고 권하며 상소문을 허도로 보냈다. 건안 24년(219), 유비는 마침내 한중왕에 즉위하고 성도로 귀환했다.

한중 전투 공방 지도

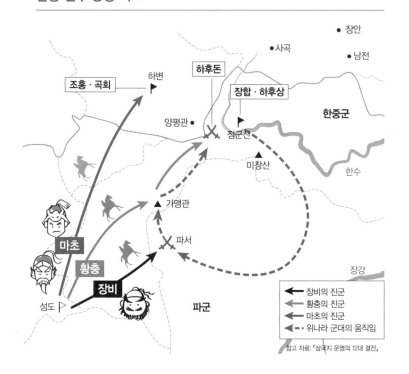

장안

●사곡

●남전

조홍 · 곡회   하변

하후돈

장합 · 하후상   한중군

양평관 ●

정군산

미창산

한수

가맹관

마초

황충

파서

장강

장비

성도

파군

- ➤ 장비의 진군
- ➤ 황충의 진군
- ➤ 마초의 진군
- ➤ 위나라 군대의 움직임

참고 자료: 「삼국지 운명의 12대 결전」

38 | 관우의 최후

건안 24년(219) 여름, 촉나라는 기쁨으로 넘쳤다. 유비가 한중왕에 즉위하여 촉나라의 정통성과 위상이 한층 높아졌기 때문이다. 하지만 이 기쁨은 한순간의 꽃과 같았다. 그해 겨울, 삼국 시대를 뒤흔들 비극적 사건이 일어나게 된다. 바로 관우가 손권의 손에 죽음을 맞이하는 사건이었다.

이 비극의 시작은 위나라의 책사 사마의(자: 중달)의 교묘한 계략에서 비롯되었다. 사마의는 조조에게 다음과 같은 계책을 제안했다. "손권과 손을 잡고 손권으로 하여금 형주를 공격하도록 유도하십시오. 유비가 관우를 도우러 군대를 이끌고 형주에 도착했을 때 위나라 군대가 공격하면 됩니다. 유비는 분명 협공으로 궁지에 몰리게 될 것입니다." 이 계략에 매료된 조조는 즉시 사자를 오나라로 보내어 손권을 설득하게 했다.

조조의 제안을 받은 오나라에서는 제갈근이 묘책을 내놓았다. "형주 관운장의 딸과 주공의 세자를 정혼시키자고 하십시오. 만약 운장이 허락하면 함께 조조를 치면 되고, 거절하면 조조와 형주를 공략하면 됩니다." 손권은 이 계책의 묘함에 감탄하며 즉시 실행에 옮겼다.

그러나 관우의 반응은 제갈근의 예상을 완전히 빗나갔다. 관우는 분노하며 말했다. "호랑이의 딸이 개의 아들과 정혼할 수 있겠는가!" 그는 손권을 개에 비유하며 맹렬히 비난했고, 제갈근의 사자를 쫓아버렸다. 이에 격분한 손권은 관우에 대한 원망을 품은 채 조조에게 위나라와 동맹을 맺겠다는 뜻을 전했다. 조조는 이 소식을 듣자 즉시 서황을 양양과 번성을 수비하는 조인의 구원부대로 진군시켰다.

유비는 제갈량의 조언에 따라 선수를 치기로 했다. 관우에게 먼저 진격하라는 명령을 내린 것이다. 관우는 양양을 손쉽게 정복했다. 이에 위기감을 느낀 조조는 우금을 총대장으로 삼고, 맹장인 방덕에게도 명령을 내려 번성의 조인을 지원하는 군대를 보냈다. 방덕은 원래 마초를 주군으로 모셨던 인물로, 그의 형도 촉나라를 섬겼다. 하지만 그는 위나라에 항복할 때 조조에 대한 충의를 지키겠다고 굳게 결심했다.

관우와 방덕의 대결은 불꽃 튀는 접전이었다. 두 장수는 막상막하의 실력을 뽐내며 한동안 치열하게 대결했으나 승부를 가리지 못했다. 하지만 결국 관우가 방덕을 생포하는 데 성공했다. 우금은 이미 항복하여 목숨을 구걸하는 나약한 모습을 보였다. 하지만 방덕은 달랐다. 그는 관을 쓰고 전장에 나갈 정도로 충성심이 강한 인물이었다. 관우가 항복을 권했지만 방덕은 단호히 거절했고, 결국 참형을 당하고 말았다.

이 전투에서 관우는 승리를 거두었지만 대가도 컸다. 그는 오른쪽 팔꿈치에 독화살을 맞았다. 다행히 경험 많은 명의 화타의 도움으로 목숨을 건질 수 있었다. 하지만 이는 관우에게 닥칠 더 큰 위기의 시작에 불과했다.

그 후 관우에게 여몽이 장강을 건너 형주를 공격해온다는 소식이 들려온다. 여몽의 전략은 정교하고 치밀했다. 그는 먼저 육손(자: 백언)을 시켜 '여몽이 병으로 장수직에서 물러났다.'는 거짓 정보를 퍼뜨렸다. 이로 인해 형주 남부의 경계가 느슨해졌고, 여몽은 그 틈을 노려 3만의 군대를 배에 태워 장강을 거슬러 올라갔다.

더욱 충격적인 것은 공안의 부사인, 남군의 미방이 전투도 없이 항복해버렸다는 사실이었다. 급보를 받은 관우는 서둘러 형주를 탈환하러 남하했지만 이미 늦었다. 군사들은 사방으로 흩어졌고 맥성에 도착했을 때 관우의 곁에 남은 군사는 겨우 수백 명뿐이었다. 절체절명의 순간, 관우는 상용에 주둔한 유봉과 맹달에게 구원을 요청했다. 하지만 이미 모든 것이 늦어버렸다. 관우에게는 더 이상 대항할 힘이 남아 있지 않았고, 결국 그는 아들 관평과 함께 사로잡히고 말았다.

　포로가 된 관우 앞에 손권이 나타났다. 손권은 관우에게 말했다. "천하무적이라고 자부하던 장군이시여, 어찌 이리 허무하게 산 채로 포로가 되셨소. 항복하는 게 어떻겠습니까?" 하지만 관우의 대답은 단호했다. "푸른 눈의 동자 놈아. 유황숙과 도원결의를 맺어 의형제가 된 내게 항복 따위가 가당키나 하다고 생각하느냐."

　이렇게 해서 관우는 전장에서 생을 마감했다. 그의 나이 58세였다.

맥성 전투 공방 지도

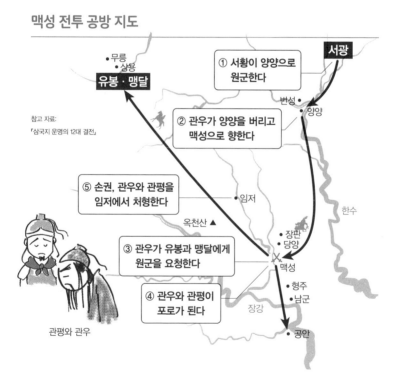

참고 자료:
『삼국지 운명의 12대 결전』

서광
① 서황이 양양으로 원군한다
② 관우가 양양을 버리고 맥성으로 향한다
⑤ 손권, 관우와 관평을 임저에서 처형한다
③ 관우가 유봉과 맹달에게 원군을 요청한다
④ 관우와 관평이 포로가 된다

유봉·맹달
무릉
상용
번성
양양
임저
한수
옥천산 ▲
장판
당양
맥성
형주
남군
공안
장강

관평과 관우

삼국 영웅들의 최후:
관우, 조조, 유비의 종언

관우의 영혼은 형주 당양현의 옥천산에서 떠돌다가 암자에 사는 노승 보정의 가르침으로 깨달음을 얻고 신령으로 현현하여 백성을 수호했다고 한다. 이렇게 관우는 점차 신으로 추앙받게 되었다.

또한 관우의 영령은 그를 죽음으로 몰아넣은 이들에게 복수했다고도 전해진다. 여몽은 관우의 영에 빙의되어 손권을 비난하다 온몸에서 피를 쏟으며 죽었으며 손권은 두려움에 떨며 관우의 목을 조조에게 보내 살해의 죄를 떠넘기려고 했다는 이야기가 이를 부연한다.

조조가 관우의 머리가 든 상자를 열고 "떠난 지 오랜만에 보는군. 잘 지내시는가?"라고 말하자 관우의 머리카락과 수염이 곤두섰다. 이에 놀란 조조는 기절했다가 깨어나 "관운장은 틀림없이 신이 되었다."라며 왕후의 예로 장사를 지내주었다.

관우의 죽음을 알게 된 유비의 슬픔으로 하늘에는 구름이 모여들었고, 거친 빗소리와 같은 대성통곡이 며칠 동안이나 멈추지 않았다.

한편 관우의 망령으로 괴로워하던 조조는 심한 두통에 시달렸다. 명의 화타를 불러 치료를 받으려 했으나 화타가 머리를 절개해야 한다고 하자 의심하여 그를 감옥에 가두어 죽게 했다.

결국 조조는 건안 25년(220) 봄 정월, 66세의 나이로 생을 마감했다. 그는 뛰어난 전략가이자 정치인으로, '간사한 영웅'이라 불리며 삼국 시대를 주도한 인물이었다.

난세의 간웅, 조조의 최후

관우의 망령에 아무 죄도 없이 감옥에서 죽은 화타의 원망까지 더해져서 조조의 수명이 줄어든 것일까? 그는 천하 통일의 야망을 다 이루지 못하고 죽고 말았다.

위나라를 계승한 조비는 조조만큼이나 한 왕조에게 경의를 표하지 않았다. 그는 같은 해 10월 28일에 헌제를 협박해 선양을 받아 대위大魏(조위)를 세우고 위나라 황제가 되어 연호를 황초黃初라고 개원했다. 전한, 후한을 통틀어 400년이나 이어진 한 왕조가 여기에서 종언을 맞이한 것이다.

조위를 인정하지 않은 유비는 건안 26년(221) 4월 12일에 촉한을 건국하고 우여곡절 끝에 한나라를 부흥시켜 제위가 되었다. 그는 연호를 장무라고 개원하고 제갈량을 승상에 임명한 후 관우의 복수를 결의한다. 하지만 조운은 "복수를 위해 손권을 치는 것은 개인적인 원한일 뿐입니다. 숙적은 한나라를 멸망시킨 조위입니다."라고 만류한다.

그러나 머리로는 알지만 마음으로는 용서할 수 없었던 유비는 도원결의를 떠올리며 장무 원년(221) 4월 13일, 손권을 정벌하겠다는 조서를 발표한다. 그런데 출전을 앞두고 장비가 부하에게 살해당하는 일이 벌어진다. 평소 부하를 괴롭히던 장비의 버릇이 결국 해를 불러온 것이다. 이렇게 55세의 나이로 천하의 호걸 장비도 결국 숨을 거두었다.

비탄에 잠긴 유비는 70만 대군을 이끌고 손권을 치기 위해 출정했다. 유비와 함께 출정한 사람은 장비의 장남 장포(자: 미상)와 관우의 차남 관흥(자: 안국)이었다. 손권은 이를 듣고 위나라와 동맹을 맺었다. 조비는 황제의 권위로 손권을 오나라 왕으로 임명하여

주요 부장과 책사·참모

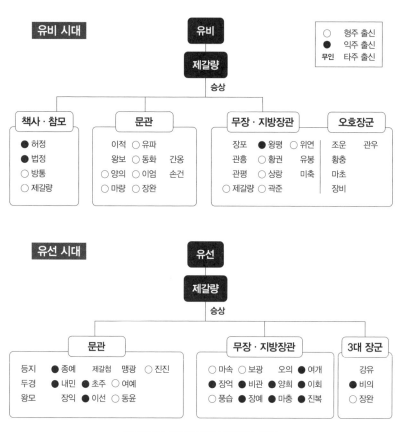

유비 시대

유비
제갈량
승상

범례: ○ 형주 출신 / ● 익주 출신 / 무인 타주 출신

책사 · 참모
- ● 허정
- ● 법정
- ○ 방통
- ○ 제갈량

문관
- 이적 ○ 유파
- 왕보 ○ 동화 간옹
- ○ 양의 ○ 이엄 손건
- ○ 마량 ○ 장완

무장 · 지방장관
- 장포 ● 왕평 ○ 위연
- 관흥 ○ 황권 유봉
- 관평 ○ 상랑 미축
- ○ 제갈량 ○ 곽준

오호장군
- 조운 관우
- 황충
- 마초
- 장비

유선 시대

유선
제갈량
승상

문관
- 등지 ● 종예 제갈첨 맹광 ○ 진진
- 두경 ● 내민 ● 초주 ○ 여예
- 왕모 장익 ● 이선 ○ 동윤

무장 · 지방장관
- ○ 마속 ○ 보광 오의 ● 여개
- ● 장억 ● 비관 ● 양희 ● 이회
- ○ 풍습 ● 장예 ● 마충 ● 진복

3대 장군
- 강유
- ● 비의
- ○ 장완

참고 자료: 유비·유선「재미있을 정도로 쉽게 읽히는 삼국지」

이릉대전 공방 지도

- 촉나라 군대의 진군과 격퇴
- 오나라/ 손환의 진군
- 오나라/ 한당 · 주태의 진군
- 오나라/ 육손의 진군
- 전투 · 구원 · 격퇴

참고 자료: 『삼국지 운명의 12대 결전』

한중

③ 유비, 백제에서 죽다

촉나라

← 성도

어복포

백제성

무구

자귀

마안산

이릉

효정

육손

오나라

건업 →

남군

장강

무지구

이도

① 오나라 군대의 손환이 패배한다

② 촉나라 군대, 육손의 황공 계책으로 대패한다

구석을 하사했다. 손권은 순응하며 그것을 받았다.

제갈량은 유비에게 손권과의 전쟁을 재고하라고 충고했으나 유비는 듣지 않았다. 관우와 장비의 복수를 다짐한 유비는 의형제와의 약속을 저버리지 않기 위해 진격했다. 먼저 무성과 자귀성을 급습해서 빼앗고, 이도의 손환을 격파한 후 효정으로 진격했다. 마량으로 하여금 무릉만을 아군으로 귀순시켰지만 승리의 기세는 거기까지였다.

황충은 "노익장은 도움이 되지 않는다."라는 유비의 말에 분개해서 적진으로 뛰어들어 적진에 혼란을 불러오지만 화살을 어깨에 맞고 말에서 떨어져 죽는다. 그의 나이 75세였다.

유비는 거점을 확보하기 위해서 50여 개의 작은 진영을 만들게 했지만 육손의 화공 계책으로 패한다. 곤경에 처한 유비를 구한 사람은 조운이었다. 유비는 백제성으로 도망칠 수밖에 없었다.

유비는 육손에게 패한 상실감까지 겹쳐 병으로 드러눕는다. 소식을 듣자마자 한중에서 달려온 제갈량에게 유비는 "유선에게 기량이 있다면 보좌해주기를 바라네. 재능이 없다면 자네가 성도의 주인이 되어주게나."라는 유언을 남기고 장무 3년(223) 4월 24일, 63세의 나이로 세상을 떠났다. 이로써 삼국지의 영웅 세 명이 무대에서 사라지게 되었다.

유비, 꿈을 다 이루지 못한 채 백제성에서 쓰러지다

소식을 듣고 달려온 제갈량에게 후사를 맡기고 유비는 의형제 관우와 장비 곁으로 떠난다.

삼국지

제갈량, 남만을 정벌하고 북벌을 준비하다

장무 3년(223) 5월, 제갈량은 17세의 유선을 제왕의 자리에 앉히고 장비의 장녀를 황후로 맞이하게 한다. 연호는 건흥으로 바꾼다. 유선은 제갈량을 최고의 경의를 표하는 말인 '상부相夫'라고 부르며 전적으로 의지했다.

당시 촉나라에게는 중요한 외교 문제가 있었다. 바로 이릉대전 이후 오나라와의 관계를 회복하는 것이었다. 이를 해결한 인물은 문관 등지(자: 백묘)였다. 그는 11월에 오나라로 가서 동맹을 복원하는 데 큰 역할을 했다.

당시 오나라의 상황은 복잡했다. 손권은 이미 위나라 황초 2년(221)에 조비에게 오나라 왕으로 책봉되어 신하 관계를 맺고 있었다. 하지만 이듬해, 조위가 배반하자 손권은 독자적으로 연호를 황무로 고치며 자주성을 드러냈다. 이로 인해 위나라와 오나라 사이에 갈등이 깊어졌고, 유수구에서 벌어진 세 번째 전투로 양국 관계는 암전 상태에 빠졌다. 다행히 주환의 분투로 위나라 군대를 격퇴하며 사태를 수습할 수 있었다.

이러한 상황에서 등지는 무창 악성으로 가 외교적 수완을 발휘했다. 그는 손권에게 이렇게 말했다. "촉나라에는 요충지인 산천이 있고 오나라에는 험준한 삼강이 있습니다. 촉나라와 오나라가 동맹을 맺으면 순치보거脣齒輔車의 관계가 되어 천하를 얻는 데 이로울 것입니다." 순치보거란 입술과 이, 수레와 바퀴의 관계처럼 서로 떨어질 수 없는 밀접한 관계를 의미하는 것으로, 두 나라의 동맹이 얼마나 중요한지를 강조한 것이다.

등지의 설득에 손권은 오나라와 촉나라의 전략적 동맹이 필요하다는 것을 깨닫고 오나라 황무 3년(224) 여름, 중랑장인 장온(자: 혜서)을 답례 사신으로 촉나라에 보냈다. 이렇게 두 나라는 한마음으로 위나라를 무너뜨리기로 약속했다.

오나라와의 외교적 안정을 확보한 제갈량은 이제 익주의 남방을 어지럽히는 남만 지역의 맹획을 평정하는 것이 시급하다고 생각했다. 이는 오나라와의 화합과 마찬가지로 위나라를 토벌하기 위해 후방의 불안 요소를 제거한다는 전략적 의미를 지녔다.

촉나라 건흥 3년(225) 5월, 제갈량은 직접 49만의 대군을 이끌고 남구를 제압하기 위해 출진했다. 남방은 열대의 역병이 만연한 위험한 땅이었지만 촉나라 군대는 이러한 역경을 이겨내고 남만족을 대대적으로 토벌했다. 이 과정에서 제갈량은 맹획을 굴복시키기 위해 특별한 전략을 사용했다. 그는 맹획을 잡았다가 풀어주기를 무려 일곱 번이나 반복했는데, 이는 후세에 '칠종칠금七縱七擒'이라는 상대방을 감복시키기 위한 끈기와 전략을 뜻하는 고사로 전해진다. 놀랍게도 대담한 맹획도 일곱 번째에 이르러서는 진심으로 복종하게 되었다.

제갈량의 남방 원정은 역사적 사실 외에도 흥미로운 이야기들을 남겼다. 풍채가 색다른 제왕의 힘이 미치지 않는 민족과 요술사가 등장하는 등 백화소설 특유의 과장이 가미된 흥미로운 일화들이 전해진다. 이는 역사적 사실에 문학적 상상력이 더해진 결과일 것이다.

한편 위나라의 황초 7년(226) 5월, 조비가 40세의 나이로 사망하고 그 뒤를 이어 15세의 어린 아들 조예가 즉위하여 연호를 대화로 바꾸었다.

남방의 혼란을 평정한 제갈량은 이제 궁극적인 목표인 한 왕조 부흥을 위해 위나라 토벌 즉, 북벌을 결의한다. 그는 이 원정의 정당성을 널리 알리고 지지를 얻기 위해 건흥 5년(227) 3월, 출전을 앞두고 유명한 '출사표出師表'를 올렸다.

이때 제갈량은 유선에게 중요한 조언을 남겼다. "문제가 발생하면 촉나라의 법에 따라 공평하게 처리하고, 시중(황제 측근의 최고위)인 곽유지와 비위, 시랑(시중의 다음 지위)인 동윤에게 조언을 구하십시오. 군사 문제는 중부독(사령관·근위병을 통솔)인 상총에게 의논하십시오.” 이 출사표는 후대에 중국 고대 충忠의 상징으로 높이 평가받는다.

제갈량의 남방정토 지도

참고 자료: 『삼국지연의 6』

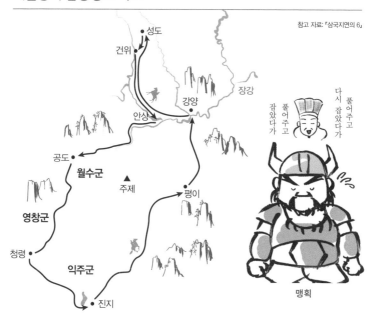

울면서 마속의 목을 벤
제갈량

건흥 5년(227) 5월, 제갈량은 30만의 대군을 이끌고 북벌을 시작했다. 상승부를 전선인 한중에 설치하고 관중을 지배하는 위나라 군대와 전투를 개시했으며 12월까지 서강족의 철차 군대와 하후무를 격파하는 등 연이은 승리를 거두었다.

제갈량은 관우의 원군 요청을 거절한 일로 처벌당할까 두려워 위나라에 붙은 맹달에게 배신을 요청했고, 맹달은 이에 응해 서황을 죽였다. 그러자 조예는 운둔 생활을 하던 사마의를 불러 맹달을 토벌하게 했고, 사마의는 쉽게 맹달을 제거했다. 사마의의 등장은 촉나라 군대의 순조로운 진격에 위기를 불러왔다.

이러한 상황에서 제갈량은 가정 전투에서 북벌의 성패를 걸기로 했다. 그의 계획은 본대가 서쪽으로 진군하여 양주涼州를 함락할 때까지 가정에서 장합張郃을 막아내는 것이었다. 이 전투에서 승리하면 북벌은 성공할 것이고, 실패하면 협공을 당할 위험이 있었다.

그러나 불행히도 이 중요한 임무를 맡은 마속이 치명적인 실수를 저질렀다. 그는 제갈량의 조언을 무시하고 "길목의 수비를 철폐하고 산 정상에 진을 쳐야 합니다!"라고 주장하며 대승을 바라는 마음에 산 정상에 군대를 포진시켰다. 부장인 왕평王平이 강하게 반대했지만 마속은 자신의 계책을 고집했다.

산 정상에는 식수가 없기 때문에 부장인 왕평이 강한 어조로 간언하지만 마속은 고집을 부리기만 했다.

장합에게는 뜻하지 않은 행운이었다. 장합은 산 정상으로 물을 끌어올리는 길을 끊고, 혼란에 빠진 마속 군대를 무자비하게 토벌했다. 마속의 계책을 믿지 못해 별동대를 이끌던 왕평이 아니었다면 마속은 그곳에서 목숨을 잃었을 것이다.

패전 소식을 들은 제갈량은 비통한 마음으로 한중으로 돌아왔다. 그는 이제 가장 어려운 결정을 내려야 했다. 법에 따라 마속의 목을 베어야 했던 것이다. 마속은 제갈량이 후계자로 점찍을 만큼 기대를 걸었던 애제자였다. 결국 제갈량은 눈물을 흘리며 마속을 처형했다. 이 순간 제갈량의 머릿속에는 유비가 임종 직전에 남긴 말이 떠올랐다. "마속은 말이 실제보다 과합니다. 큰일을 맡기시면 안 됩니다." 제갈량은 죽은 유비에게 자신의 어리석음을 용서해 달라고 빌며, 스스로 승상에서 물러나 우장군으로 3등 강등되는 벌

제갈량, 눈물을 흘리며 마속을 베다

제갈량은 마속을 자신의 후계자로 키우고 있
었다. 마속이 가정에서 명령을 어겨 제갈량은
단장이 끊어지는 아픔으로 그를 처벌한다.

가정 전투 공방 지도

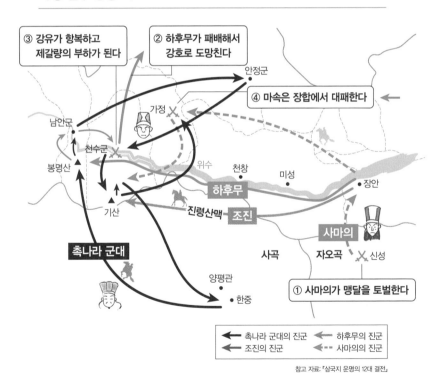

③ 강유가 항복하고
   제갈량의 부하가 된다

② 하후무가 패배해서
   강호로 도망친다

④ 마속은 장합에서 대패한다 ←

안정군

가정

남안군

천수군

위수

천창

미성

장안

봉명산

하후무

기산

진령산맥   조진

사마의

촉나라 군대

사곡   자오곡   신성

양평관

① 사마의가 맹달을 토벌한다

한중

◀━ 촉나라 군대의 진군   ◀━ 하후무의 진군
◀━ 조진의 진군   ◀╍╍ 사마의의 진군

참고 자료: 「삼국지 운명의 12대 결전」

1부 | 분열과 통일의 대서사시, 『삼국지연의』

을 자처했다.

그러나 이러한 좌절에도 불구하고 제갈량은 포기하지 않았다. 그는 촉나라에 의한 중국의 대통일을 국시로 삼고 있었기에, 이후에도 북벌을 계속했다. 건흥 6년(228)의 제2차 북벌, 이듬해(229)의 제3차 북벌에서는 위나라 군대를 격파한 공으로 다시 승상의 자리에 올랐다. 건흥 9년(231)에는 제4차 북벌을, 그리고 마지막으로 건흥 12년(234)에 제5차 북벌을 감행했다.

제5차 북벌은 제갈량의 마지막 전투가 되었다. 오장원五丈原 전

오장원 전투 공방 지도

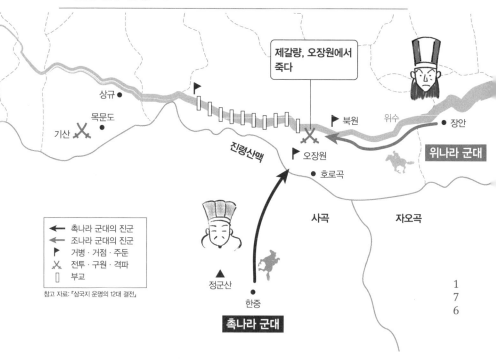

제갈량, 오장원에서 죽다

상규
목문도
기산
북원   위수   장안
진령산맥   오장원   위나라 군대
호로곡

← 촉나라 군대의 진군
← 조나라 군대의 진군
▶ 거병 · 거점 · 주둔
✕ 전투 · 구원 · 격파
▯ 부교

사곡   자오곡

정군산
한중
촉나라 군대

참고 자료: 「삼국지 운명의 12대 결전」

투로 알려진 이 전투에서 제갈량은 병을 무릅쓰고 싸웠다. 하지만 북벌의 가장 큰 난제는 여전히 군량 보급이었다. 험준한 산길을 진군해야 하는 촉나라 군대에게 좁은 보급로는 대량의 물자를 운반하는 데 큰 장애물이었다. "초심자는 전략을 논하고, 숙련자는 병참을 논한다."라는 말처럼 제갈량을 가장 괴롭힌 것은 바로 이 병참 문제였다.

이 문제를 해결하기 위해 제갈량은 혁신적인 운송 수단을 고안해냈다. 긴 손잡이를 단 작은 수레인 '목우'와 외바퀴의 '유마'가 바로 그것이다. 이 '목우유마木牛流馬'는 군수품 운반에 큰 도움이 되었지만 한중에서 오장원까지 포사도를 지나는 500리(약 200km)의 거리는 여전히 큰 도전이었다. 좁은 길에서 이 수레들을 밀고 가야 하는 병사들의 고충은 상상을 초월했다.

게다가 제갈량은 내부의 문제로도 골치를 앓았다. 형주의 명사 이엄李嚴은 제갈량에게 항상 한 수 뒤졌지만 질투심으로 가득 차 자신의 일을 게을리하며 거드름을 피웠다. 결국 제갈량은 이엄의 죄를 물어 관위를 박탈하고 궁정에서 추방했다.

오장원에 도착한 촉나라 군대는 사마의가 이끄는 위나라 군대와 대치했다. 사마의는 위수의 남쪽 언덕을 건너 본진을 구축했다. 이때 제갈량에게 불길한 소식이 전해졌다. 촉나라를 지원하던 오나라 군대가 합비에서 조예에게 격퇴당했다는 것이다. 이 소식을 들은 사마의는 서두르지 않고 지구전을 펼쳤다.

건흥 12년(234) 8월 23일, 병마에 시달리던 제갈량은 결국 숨을 거뒀다. 그의 나이 54세였다. 촉나라 군대는 제갈량의 죽음을 감추고 한중으로 퇴진했다. 사마의는 제갈량이 남긴 포진을 정찰하면서 '천하의 기재로다.'라고 감탄한다. 제갈량이 죽은지 모른 채 사마의가 복병을 경계해서 퇴각하자 '죽은 공명(원문은 제갈)이 산 중달을 쫓아냈다.'는 말이 전해지게 되었다.

죽은 공명이 산 중달을 쫓아냈다

제갈량의 죽음은 유언에 따라 엄중하게 비밀에 부쳤다.
숙적인 위나라의 사마의도 복병과 비책을 경계할 수밖에 없어서 촉나라 군대의 추격을 포기하고 퇴진했다.

장대한 이야기의
아이러니한 결말

『삼국지연의』는 후한 말기의 혼란한 정세에서 시작하여, 수많은 군웅들의 등장과 그들 간의 치열한 경쟁 그리고 최종적으로 위나라, 촉나라, 오나라 삼국의 정립으로 향해 가는 장대한 이야기다.

작품의 주역들은 각자 독특한 매력으로 이야기를 이끌어간다. 조조는 '악惡의 간절奸絶'로 묘사되며, 그의 야망과 책략은 이야기의 긴장감을 고조시키는 핵심 요소다. 조조가 강대해질수록 그의 대척점에 서 있는 유비와 촉나라 진영은 더욱 강렬한 빛을 발한다.

유비는 '선善'의 상징으로, 조조의 야망에 맞서 정의와 인의를 대표하는 인물이다.

관우의 '의절義絶'과 제갈량의 '지절智絶'은 이야기에 깊이를 더한다. 관우의 충성심과 의리는 독자들에게 깊은 감동을 주며, 제갈량의 지혜와 전략은 이야기의 중심축 역할을 한다. 여기서 '절絶'이란 표현은 모종강의 해석대로 풀이하자면 '극치'를 의미한다.

제갈량의 사망 이후 이야기는 점차 그 빛을 잃어간다. 독자들이 감정을 이입할 만한 중심 인물이 사라지면서 마치 방향을 잃은 듯하다.

그렇다면 이야기는 어떻게 끝을 맺었을까?

손권은 이미 황무(222)라는 연호를 제정했지만 황제에 즉위한 것은 황무 8년(229)이었다. 그렇게 위·촉·오에 황제가 존재하는 삼국 시대가 시작되었지만 오래가지는 않았다.

삼국의 종말은 순차적으로 찾아온다. 먼저 촉나라 무너진다. 염흥 원년(263) 12월(역사 기록에는 11월로 나와 있다), 유선이 위나라의 등애에게 항복하면서 촉나라는 역사의 무대에서 사라진다.

이어서 위나라가 몰락한다. 위나라 함희 2년(265) 12월, 제5대 위나라 황제 조환이 사마의의 손자 사마염에게 선양을 강요받아 퇴위한다. 사마염은 진晉나라(서진)를 건국하고 연호를 태시로 바꾼다.

마지막으로 오나라가 멸망한다. 오나라 천기 4년(280) 3월, 제4대 오나라 황제 손호가 사마염에게 항복하면서 오나라도 역사 속으로 사라진다.

이야기의 결말은 역사의 아이러니를 보여준다. 대통일을 이룬 것은 유비도, 조조도, 손권도 아닌 이야기 중간에 등장한 사마 일족이었다.

『삼국지연의』는 "천하대세란 분열이 길어지면 반드시 통일되고, 통일이 길어지면 반드시 분열한다."라는 의미심장한 문장으로 시작하고 끝난다. 이는 역사의 순환적 본질을 강조하는 것으로 어떤 상태도 영원히 지속될 수 없다는 통찰을 엿볼 수 있다.

2부

사실보다 더 강렬한 이야기,
『삼국지연의』의 탄생

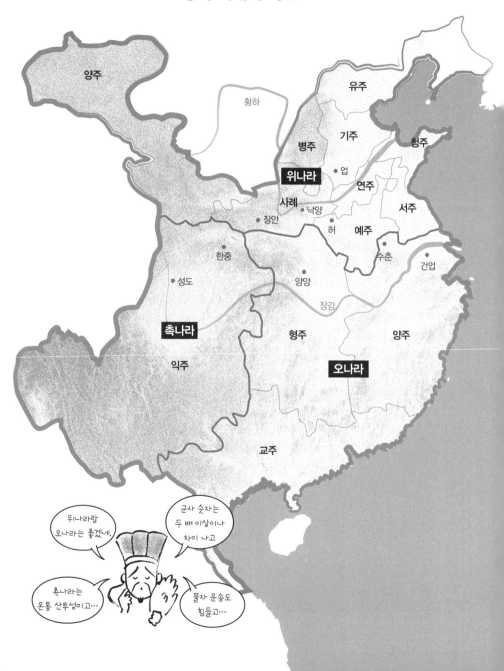

01 『삼국지연의』의 기반이 된 진수의 『삼국지』

진수陳壽(233~297)는 그 유명한 『삼국지』를 저술한 역사가다. 그의 자字는 승조承祖로, 후한 말기부터 삼국 시대를 거쳐 서진 시대까지 살았던 인물이다.

진수가 살았던 시대는 중국 역사상 가장 격동적이고 흥미진진한 시기였다. 바로 후한의 멸망 이후 위魏(조위), 촉蜀(촉한), 오吳(손오) 세 나라가 천하를 놓고 패권을 다투던 시기였으니 말이다. 이 세 나라의 흥망성쇠를 기록한 것이 바로 『삼국지』다.

그는 원래 촉나라의 신하였다. 하지만 31세가 되던 해인 263년, 촉나라(221~263)가 위나라의 공격을 받아 항복하게 된다. 이어서 위나라(220~265)도 오래가지 못했다. 사마염司馬炎(236~290)이 위나라를 무너뜨리고 서진西晉(265~316) 왕조를 세웠다.

이러한 격변의 시기를 겪으며 진수는 서진의 관료로 일하며

268년경부터 역사적 문헌의 정리·편찬 작업에 종사하게 되었다. 이 경험은 후에 그가『삼국지』를 저술하는 데 큰 밑거름이 되었을 것이다. 그러다 48세 즈음에『삼국지』의 집필을 시작했다고 전해진다.

『삼국지』는 약 400년이 지난 후 당나라의 제2대 황제인 태종(이세민, 재위 626~649)이 정사正史로 인정하면서 공식적인 역사서의 지위를 얻게 되었다.

여기서 '정사'라는 개념에 대해 잠시 짚고 넘어갈 필요가 있다. 정사란 '올바른 역사'를 의미하는 것이 아니다. 당시 조정이 허가하거나 직접 편찬한 역사서를 가리키는 용어다. '정통'의 '정正'과 '역사'의 '사史'를 조합한 이 단어는 국가가 공식적으로 인정한 역사서라는 의미를 담고 있다. 따라서 정사는 종종 해당 시기 통치 권력의 관점을 반영한다.

진수의『삼국지』는 후에 나관중에 의해 집필된『삼국지연의』의 기반이 되었다.『삼국지연의』는 정사를 바탕으로 하면서도 소설적 상상력이 더해진 작품으로, 중국뿐 아니라 세계에서 사랑받는 고전이 되었다.

백화소설

송나라(960~1279)와 원나라(1279~1368) 이후 도시의 환락가 등에서 오락거리로 설화(전승되는 이야기)가 유행했다. 이러한 구전 설화들이 점차 문자화되기 시작하면서 구어체인 백화소설이 등장했다. 그리고 백화소설이 발전하면서 역사를 테마로 한 이야기들은 '연의演義'라고 불리게 되었다. 연의라는 용어는 본래 '역사적인 사실에 부연하여 줄거리를 알기 쉽게 설명한다.'라는 뜻으로, 서진 시대에 이미 사용되었다고 전해진다.

백화소설은 시간이 지나면서 창의성과 상상력이 더해져 재미있고 기발한 이야기로 발전하게 되었다. 그 대표적인 작품이 바로 나관중의 『삼국지연의』다. 나관중은 원나라 말기부터 명나라 초기까지 살았던 인물로, 그동안 전승되던 수많은 삼국지 이야기를 수집하고 정리했다. 그리고 여기에 자신의 창작적 요소를 더해 방대한 장편소설로 완성했다.

아··· 눈물 나.

중국의 대표적인 백화소설

- **삼국지연의**(나관중 저, 모종강 개정)

  중국의 명대 초기에 후한 말의 위·촉·오 삼국 시대를 무대로 창작된 장편 역사 시대소설. 중국 4대기서
- **서유기**(오승은 저)

  명대 후기에 창작된 장편 전기소설. 중국 4대기서
- **수호전**(시내암 저)

  15세기 명대 중기에 그동안 전해져 온 강담 등을 정리한 장편 전기소설. 중국 4대기서
- **금병매**(소소생 저)

  명대 말기 장편 관능소설. 중국 4대기서
- **홍루몽**(조설근 저)

  청대 중기 삼각관계를 다룬 장편 연애소설
- **삼언이박**(풍몽룡 편집)

  명대 말기 중국 근대 서민생활을 그린 5종류의 통속 단편소설집의 총칭. 설화 200편
- **금고기관**(포옹노인 편집)

  명대 말기 통속 단편소설집 『삼언이박』에서 40편을 선정하여 수록

※기서奇書란 '세상에서 드문 뛰어난 이야기'를 말하지만 사실 이 표현은 청조 전기의 서점에서 판매를 촉진하기 위해 사용한 광고문구다.

『삼국지』의
정통 왕조

진수의 『삼국지』는 기전체紀傳體라는 형식을 따르고 있어, 황제의 기록인 본'기'와 인물의 기록인 열'전'으로 구성되어 있다.

『삼국지』를 저술할 때 진수의 가장 큰 고민거리는 바로 정통성의 문제였다. 삼국 시대의 말기에 위나라의 조조(155~220)가 죽은 후 그의 아들 조비(187~226)가 황제를 자칭했다. 이어서 촉나라의 유비(161~223)와 오나라의 손권(182~252) 역시 각각 자신을 황제라 칭했다. 이는 중국의 전통적인 천자天子 개념과 충돌한다.

중국의 전통적인 관념에 따르면 천자는 오직 한 명만이 존재할 수 있다. 천자는 하늘의 뜻을 받들어 지상을 다스리는 자로, 천자가 덕을 잃으면 덕이 있는 천자에게 선양禪讓하게 된다.

진수의 고민은 여기서 더욱 깊어진다. 실제로 후한의 정통 계승자는 한 왕실의 후예인 유비라고 생각했기 때문이다. 하지만 진수는 이러한 견해를 공개적으로 표현할 수 없었다. 그 이유는 진수의 개인적 상황과 깊은 관련이 있다.

진수는 원래 촉나라 출신이었지만 촉나라가 멸망한 후 진나라에서 관직을 얻어 삼국의 역사를 쓰는 사관史官이 되었다.

선양

고대 중국의 사상에서는 하늘로부터 천하를 다스리도록 명을 받은 왕(천자)은 한 명뿐이라고 여겼다. 만약 천자가 덕을 잃고 폭정을 행하면 하늘은 그의 통치권을 박탈하고 새로운 인물에게 천명을 내린다고 여겼으며, 이러한 권력의 이양을 선양이라고 불렀다. 신화에서는 요堯 → 순舜 → 우禹로 선양이 이루어졌다고 전해진다. 하지만 우禹가 세운 하나라부터는 이러한 선양의 전통이 무너지고 세습제가 시작되었다. 그런데 이후 은商나라와 주周나라 시기에도 폭군의 몰락과 함께 정권이 교체되는 사례가 등장한다. 예를 들어, 『사기』에서는 은나라의 마지막 왕, 주왕이 폭정으로 인해 주나라에서 쫓겨났다고 기록하고 있다.

결국 주나라도 쇠퇴하고 춘추전국 시대가 도래한다. 전국 시대의 맹자(기원전 372?~기원전 289)는 선양 개념을 발전시켜 '역성혁명易姓革命'이라는 새로운 사상을 제시했다. 천명이 바뀌면 천자의 성씨가 바뀌고(역성), 선양에 따라 덕이 있는 새로운 천자가 천하를 다스린다는 사상이다. 이러한 역성혁명의 개념은 이후 중국 역사에서 왕조 교체를 정당화하는 중요한 이론적 근거가 되었다. 삼국 시대에도 이러한 사상이 적용되어, 새로운 왕조가 건립될 때마다 '정통성'을 확보하는 과정에서 중요한 역할을 했다.

태양이 하나이듯 황제도 오직 하나여야지.

황제는 나다!

진나라 조정 윗사람들의 총애를 받기 위해서는 그들이 선호하는 방식으로 역사를 서술해야 했다. 이러한 상황에서 진수는 어쩔 수 없이 위나라를 정통으로 인정할 수밖에 없었다. 그는 위서魏書에 본기本紀를 두어 조조(무제), 조비(문제)부터 마지막 황제인 조환(원제)까지 기록함으로써 위나라를 정통으로 삼았다.

그렇다면 유비와 손권은 어떻게 다루었을까? 진수는 이들을 미묘하게 다르게 서술했다. 촉서蜀書의 선주전先主傳에서는 유비를

중국 역사연표

하나라	은나라	주나라 BC 1122~BC 256				진秦나라	한나라 BC 206~AD 220		
		서주	동주	춘추	전국		전한	신	후한
BC 2205 ~BC 1766	BC 1766 ~BC 1122	BC 1122 ~BC 771	BC 770 ~BC 256	BC 770 ~BC 476	BC 476 ~BC 221	BC 221 ~BC 206	BC 206 ~AD 8	8~23	25~220

'선주先主'라고 부르며 존경을 표했다. 반면 손권을 서술할 때는 오
서吳書의 오주전吳主傳에서 일관되게 '권'이라고 불렀다.

이는 매우 흥미로운 점이다. 일반적으로 열전에서는 해당 인물
의 생전 이름인 휘諱로 부르는 것이 원칙이다. 하지만 진수는 유비
에 대해서만 이 관례를 따르지 않았다. 이는 진수가 은연중에 촉나
라, 특히 유비에 대해 호의적인 태도를 드러낸 것으로 해석될 수
있다.

삼국	진晉나라 265~420			남북조 420~589				
	서진	십육국	동진	북위	동위	서위	북제	북주
220~265	265~317	304~439	317~420	386~535	534~549	535~557	549~577	557~581

03 진수,『삼국지』에서 촉나라의 정통성을 암시하다

『삼국지』에는 진수의 촉한에 대한 애정과 그들의 정통성을 암시하려는 노력이 숨겨져 있다. 이른바 '촉한 정통론'이 책에 교묘하게 깔려 있는 것이다.

예를 들어 진수는 양희楊戲(?~261)가 촉나라 가신단을 칭송한 『계한보신찬季漢輔臣贊』을 촉서의 마지막에 실었다. '계한'이란 전한과 후한 말의 한나라를 의미하는 말로,『계한보신찬』을 촉서의 마지막에 실은 것은 촉한이 한나라의 정통을 이어받았다는 점을 은연중에 드러내고 있다.

또 다른 흥미로운 점은 진수가 각 나라 군주들의 죽음을 표현하는 방식에서 드러난다. 위나라 문제(조비)의 죽음을 나타낼 때는 황제의 죽음을 의미하는 전통적인 '붕崩' 자를 사용한다. 이는 당연한 일이다. 하지만 유비의 죽음을 표현할 때는 귀인의 죽음을 나타내는 '조殂' 자를, 손권의 경우에는 고관의 죽음을 의미하는 '훙薨' 자를 사용한다.

더불어 진수는 유비를 '선주', 그의 후계자인 유선을 '후주後主'라고 부르는 등 촉나라를 특별하게 취급하고 있다.

그럼에도 많은 이들이 서진 시대의 정치적 제약 속에서 위·진을 정통으로 삼을 수밖에 없었던 진수의 상황을 고려하지 않고 그를 비방하곤 한다.

특히 『제갈량전』의 마지막 부분에 대한 비판이 가장 많았다. 진수가 "제갈량은 임기응변의 군사 능력이 부족했기 때문에 북벌을 반복하면서도 목표를 달성할 수 없었던 것이 아닐까?"라고 평가한 것에 대해 많은 이들이 부당한 비난으로 여겼다. 심지어 어떤 이들은 이러한 평가가 개인적인 원한 때문이라고 주장했다. 제갈량이 가정 전투에서 패배한 마속을 처형할 때 진수의 아버지도 연좌되어 삭발의 벌을 받은 것에 대한 보복이라는 것이다.

그러나 『제갈량전』을 면밀히 읽어보면 이것이 오해임을 알 수 있다. 진수는 오히려 제갈량에 대한 깊은 공경심을 가지고 이 전기를 썼으며 제갈량의 충성심을 강조하려 했다.

후세에는 진수의 본심을 이해한 듯 촉한 정통론이 널리 회자되었다.

1
9
5

진수의 『삼국지』

진수

263년, 위나라의 종회(225~264)가 촉나라의 강유(202~264)와 전투를 벌이던 중에 등애(197~264)가 별동대를 이끌고 촉나라의 심장부를 공격하였고, 이로 인해 촉나라는 항복을 결정한다. 촉나라 신하였던 진수는 잠시 자신의 신세를 한탄했지만 결국 위나라를 찬탈한 서진에서 관직에 있던 과거 동료 나현(218~270)의 추천으로 서진의 관료가 되었다.

『제갈량집』

진수는 서진의 사관으로 활동하며 익주의 『지방사』와 『고국사』를 편찬했으며 제갈량의 저술을 정리한 『제갈량집』도 편찬했다. 진수는 서진의 무제(사마염)와 그 총신이던 장화(232~300) 등에게 높이 평가받으며 역사가로서의 능력을 인정받았다.

『삼국지』

진수는 무제에게 재능을 인정받아서 사적이긴 하나 『위서』, 『촉서』, 『오서』를 저술할 수 있었다. 세 권의 책에 『삼국지』라는 제목이 붙은 것은 진수가 죽은 후였다. 당시에는 이미 제지기술이 있었기 때문에 『삼국지』도 종이에 쓴 것으로 보인다.

『삼국지』에서 위·촉·오는 각각 몇 권일까?

『삼국지』는 『위서』 30권, 『촉서』 15권, 『오서』 20권으로 구성되어 총 65권이다. 「본기」(황제전)가 포함된 것은 『위서』고, 『촉서』와 『오서』에는 「열전」(인물전)뿐이다.

『위서』의 권수가 많은 이유는 이 시대에 활약하였으나 삼국에 속하지 않은 인물을 다룬 내용이 많기 때문이다. 동탁(?~192), 여포(?~198), 원소(154~202), 원술(155~199)과 같은 인물들이 이에 해당한다.

『위서』 30권 중 「본기」는 4권으로 조조(무제), 조비(문제) 등 6명을 다루었고, 「열전」은 25권 173명, 「이적전」은 1권 9개 지역으로 구성되어 있다.

『촉서』의 「열전」은 유비, 제갈량, 관우(?~220), 장비(?~221), 조운(?~229) 등 94명을 담고 있고, 『오서』는 손권, 주유, 노숙 등 100명으로 구성되어 있다.

04 동진 시대부터 부각된 조조 간웅설과 촉나라 정통론

　　진수의 『삼국지』는 간결하게 작성된 역사서지만 촉나라에 대한 묘사에 미묘한 뉘앙스를 담고 있다. 이러한 진수의 기록은 후대에 영향을 미치며, 특히 동진 시대에 촉나라 정통론과 조조를 악역으로 보는 간웅설이 발전하게 된다.

　　진수가 사망한 후 132년이 지난 429년, 남북조 시대 남송의 문제文帝는 배송지(372~451)에게 『삼국지』에 대한 대대적인 주석 작업을 명령했다. 이 작업의 결과물인 『삼국지주』는 방대한 양의 추가 정보와 해석을 담고 있어, 그 자체로 하나의 독립된 저작으로 인정받는다.

　　배송지는 진수의 『삼국지』를 훌륭한 역사서로 평가하며 깊은 존경심을 표했다. 하지만 그는 단순히 진수의 글을 해설하는 데 그치지 않았다. 부족한 부분을 보충하고 오류를 수정했으며, 심지어 진수가 사용하지 않은 자료들도 포함시켰다. 배송지의 주석 작업에는 250여 종의 서적이 참고되었으며, 미심쩍은 자료도 일부러 포함시키는 등 광범위한 접근 방식을 취했다.

이후 『삼국지』에 관한 다양한 저작들이 나타나기 시작했다. 이 과정에서 주목할 만한 변화는 조조를 간웅으로 폄하하고 유비의 촉나라를 정통으로 인정하는 경향이 강해졌다는 점이다.

예를 들어, 동진의 손성(302~373)이 저술한 『잡기』와 습착치(생몰년 미상)의 『한진춘추』는 이러한 경향을 잘 보여준다. 특히 『한진춘추』는 위나라와 오나라를 무시하고, 촉나라에서 서진으로 왕조가 바뀐다고 서술하여 촉한 정통론을 강하게 드러낸다. 남북조 송나라의 유의경(403~444)이 편찬한 『세설신어』도 이러한 흐름에 기여했다.

종합해 보면 조조를 간웅으로 보는 시각과 촉나라를 정통으로 인정하는 관점이 동진 시대부터 본격적으로 대두되었음을 알 수 있다. 진수가 『삼국지』에서 간접적으로 드러낸 촉나라에 대한 호의적 시각이 『잡기』나 『한진춘추』 같은 후대의 저작들을 통해 점차 대중의 인식 속에 자리 잡게 된 것이다.

배송지의 '주석' 참고 BEST 10

배송지는 진수의 『삼국지』에 주석을 달면서 빠진 내용들을 보충하고 다양한 출처에서 자료를 수집해 많은 부분을 추가했다. 이 과정에서 명백한 오류나 시간적 차이가 있는 정보도 포함되었지만 출처를 명확하게 밝힘으로써 후세 연구자들에게 중요한 자료를 제공했다. 아래는 배송지의 주석 중에서 특히 주목할 만한 열 가지 주요 참고 내용을 정리한 것이다(배송지가 '주석'에 이용한 사료는 200종 이상이다).

1	어환	『위략』 179조 · 『전략』 49조
2	왕침	『위서』 188조
3	우부	『강표전』 122조
4	위소	『오서』 115조
5	곽반	『세어』 84조
6	장발	『오록』 79조
7	습착치	『한진춘추』 69조
8	저편자 미상	『영웅기』 69조
9	손성	『위씨춘추』 53조
10	부현	『부자』 53조

『삼국지』와 『삼국지주』의 문자 수 비교

진수의 『삼국지』와 배송지의 『삼국지주』의 문자 수를 비교해 보면 다음과 같다.

진수 『삼국지』		
문자수 36만 7천 자		
『위서』	『촉서』	『오서』
20만 7천 자 (56%)	5만 7천 자 (16%)	10만 3천 자 (28%)

배송지 『삼국지주』		
문자수 32만 2천 자		
『위서』	『촉서』	『오서』
21만 5천 자 (67%)	4만 2천 자 (13%)	6만 5천 자 (20%)

이렇게 보면 『위서』의 문자 수가 약간 늘어났고, 『촉서』, 『오서』가 줄어들었다. 덧붙여 배송지의 주석은 20세기 후반에 양익양楊翼驤이 논문에서 54만 자 정도라고 발표했는데 그 후에 왕정합王廷洽, 오금화吳金華라는 연구자가 문자 수를 세어보니 합계 32만 2천 자였다고 한다.

05 야담가가 구전한 '삼국 이야기'에 담긴 시각

중국 역사에서 삼국 시대에 대한 해석은 시대와 정치적 상황에 따라 크게 변화해 왔다.

중국 통일 왕조인 서진의 몰락(316) 이후, 265년 만에 중국을 통일한 수나라(581~618)와 당나라(618~907)를 거치면서 촉한 정통론이 널리 받아들여졌다. 하지만 북송 시대에 이르러 이러한 해석에 변화가 생긴다. 북송(960~1127)의 사마광(1019~1086)이 저술한 『자치통감』에서는 위나라를 정통으로 인정하는 관점이 제시되었다.

이어 남송 시대(1127~1279)에 들어서면서 주희(1130~1200)의 『자치통감강목』은 다시 촉한 정통론을 주장했다.

이러한 해석의 변화는 당시의 정치적 상황과 밀접한 관련이 있었다.

북송이 위나라 정통론을 지지한 이유는 자신들의 건국 과정이 위나라와 유사하다고 여겼기 때문이다. 반면 남송이 촉한 정통론을 지지한 이유는 금나라(여진족)에 쫓겨 강남에서 재건한 자신들의 상황이 촉나라의 역사와 비슷하다고 생각했기 때문이다. 이러한 해석은 다소 억지스러워 보일 수도 있다.

그러나 이러한 공식적인 역사 해석과는 별개로 서민들에게 삼국 시대에 대한 이야기가 퍼지고 있었다. 특히 북송 시대에 유행한 '설삼분說三分'이라는 구전 이야기는『삼국지연의』탄생의 토대가 되었다. 이 구전 이야기들은 야담가들이 전파하면서 서민들 사이에서 큰 인기를 얻었다.

북송의 대시인 소식(소동파, 1037~1101)의 수필『동파지림』에는 이러한 대중적 인기를 잘 보여주는 일화가 기록되어 있다. 이 수필에 따르면 아이들은 야담가의 이야기를 들으러 가서 유비가 진 이야기를 들으면 울고 조조가 진 이야기를 들으면 환호했다고 한다. 이는 이미 서민들 사이에서 유비는 선인, 조조는 악인으로 보는 관점이 널리 퍼져 있었음을 보여준다.

왕조의 정윤론正閏論

정윤론은 중국 역사에서 각 왕조의 정통성과 비정통성을 규정하려는 이론이다. 예를 들어, 중국 역사에서 시황제의 진나라는 정통이 아니라는 주장이 한나라 때부터 시작되었다. 북송과 남송도 서로 다른 정윤론을 가지고 있었다. 북송에서는 주周 → 진秦 → 한漢 → 조위魏 → 진晉 → 수隋 → 당唐 → 송으로 이어지는 정통성을 주장했다. 이 해석은 위나라(조조의 나라)를 정통 왕조로 간주하며, 북송의 정통성을 강조했다.

남송은 주周 → 진秦 → 한漢 → 촉한蜀漢 → 진晉 → 수隋 → 당唐 → 송으로 이어지는 정통성을 주장했다. 남송은 촉한(유비의 나라)을 정통, 위나라를 비정통으로 간주했다. 이는 남송이 금나라(여진족)에 의해 강남으로 쫓겨나고 재건한 상황이 촉한과 비슷하다는 인식에서 비롯되었다. 또한 남송과 북송 모두 남북조 시대와 오대십국 시대를 정통성이 없는 혼란기라고 보았다.

북송의 위나라 정통론

사마광은 위나라가 천하를 통일하지 않았기 때문에 완전한 정통으로 인정하지 않았지만 『자치통감』에서는 조위를 실질적인 정통으로 보았다.

남송의 촉나라 정통론

남송에서는 화북을 빼앗은 금나라(여진족)를 위나라와 비교하고, 촉나라를 남송과 비교했다. 주희(주자)는 『자치통감강목』에서 촉한을 정통으로 한 정윤론으로 결론을 내렸다.

2
0
5

06 『삼국지연의』의 탄생

야담가들의 삼국 이야기는 주로 유비와 촉나라에 호의적이었으며, 이는 약자를 동정하는 서민들의 정서를 반영한 것이었다. 이러한 서민들의 구전이 문자화된 초기 형태 중 하나가 14세기 초 원나라 시대에 쓰인 『전상 삼국지평화』다. '전상全相'이라는 말에서 알 수 있듯이 이 책은 모든 쪽에 그림이 포함된 책이었다. 하지만 이 작품은 역사적 정확성보다는 대중적 오락성에 중점을 두었다. 연호, 인명, 지명 등이 역사적 사실과 크게 어긋난 경우가 많았으며 이야기의 전개도 현실성보다는 흥미 위주였다.

무엇보다 장비를 주인공으로 내세운 점이 파격적이다. 이 책에서 장비는 직정경행直情徑行과 파천황破天荒의 성격으로 묘사되어, 초인적인 면모를 보여준다. 그래서 서민에게는 갈채를 받으면서 큰 인기를 얻었다. 제갈량 역시 신비로운 초능력자이자 신선으로 그려졌다. 이는 권력에 억눌린 서민들의 욕구를 대리 충족시키는 역할을 했을 것이다.

그리고 진수의 『삼국지』 이후 1천 년을 거치며 이어져온 구전 이야기와 『삼국지평화』를 바탕으로, 마침내 『삼국지연의』가 탄생하게 된다. 저자로 알려진 나관중은 생몰년이 불분명한 인물로, 그의 정체에 대해서는 여전히 많은 의문이 남아 있다.

『삼국지연의』는 '연의'라는 말이 나타내듯 역사적 사건을 이해하기 쉽게 풀어내는 것을 목적으로 했다. 하지만 단순한 설명에 그치지 않고, 대중의 흥미를 끌기 위해 창작적 요소를 가미했다. 또한 『삼국지평화』의 황당무계한 이야기들 중 일부를 수용하면서도 지나치게 비현실적인 요소들은 걸러내어 균형을 잡았다.

『삼국지평화』의 특징

다음과 같은 특징을 가진 『삼국지평화』는 전개 방식이 조잡하고 지나치게 황당한 이야기를 포함한 탓에 문학적 가치는 낮다는 평가를 받는다. 그럼에도 불구하고 대중적이고 오락적인 요소가 강한 작품이어서 서민들에게는 커다란 인기를 끌었다.

명계의 재판(저승 또는 사후세계의 재판)	시작과 끝을 장식한다.
역사적 사실의 무시	사건의 시계열을 마음대로 변경
만듦새가 조잡	인명·지명의 오류나 오자 다수
요술과 초인의 등장	장비와 제갈량이 초인으로 묘사된다.

오나라를 무시	손견·손책을 등장시키지 않는다.
유연이 한나라 왕실 부흥	진나라의 삼국 통일 후에 흉노족 출신으로 촉나라 유선의 후계자로 불린 유연이 진나라를 멸하고 한나라를 부흥시켰다고 묘사한다(역사적 사실에서 유연은 오호십육국 시대에 한나라를 건국한다. 이 한나라는 나중에 조나라(전조)로 불리게 된다).

황당무계한 『삼국지평화』의 재미

『삼국지평화』는 원나라 시대에 등장한 독특한 문학 작품이다. 구전으로 전해지던 삼국 이야기(설삼분)를 문자화하고 시각화한 중요한 전환점이 되었다. 이 작품은 초인적인 장비의 대활약, 제갈량의 초능력자 같은 모습을 그린 삽화를 넣어서 서민에게 큰 인기를 끌었다.

제갈량에 대해서는 이 책의 감수자인 와타나베 요시히로의 저서 『그림으로 해석한 잡학 삼국지』를 인용하겠다.

"공명은 원래 산신이다. 공명의 능력은 인간의 힘으로는 알 수 없었다. 바람을 부르고 비를 내리게 하며 콩을 뿌리면 군대가 되고, 칼을 휘두르면 그곳이 강이 될 정도였다."

역시 초능력자로 묘사되고 있다. 게다가 못 고치는 병이 없는 신의다. 뿐만 아니라 예언자로도 그려졌는데, 신탁을 통해 삼국 시대의 끝과 사마씨가 중국을 통일할 것이라는 예언을 했다.

이처럼 신선이나 초능력자로 그려진 제갈량의 모습은 당시 서민들에게 큰 위안과 희망을 주었을 것이다. 현실에서는 무력하게 착취당하기만 하는 서민들에게 제갈량은 그들의 울분을 대신 풀어주는 영웅적 존재였다. 이러한 제갈공명의 모습은 이후 『삼국지연의』에 나오는 제갈공명의 원형이 되었다.

07 『삼국지연의』의 진화 1: 『삼국지통속연의』의 등장

나관중은 원나라 말기와 명나라 초기의 극작가·소설가였는데, 그의 생애에 대해서는 거의 알려진 바가 없다. 태원(현재 산서성 태원) 출신이라는 것과 호해산인湖海山人이라는 호를 사용했다는 정도만 알 수 있을 뿐이다. 하지만 그가 남긴 작품『삼국지연의』는 추후 연의본 발전의 결정적인 기반이 되었다.

중국에서 목판인쇄가 6~9세기에, 활자인쇄가 11세기에 이미 발명되었음에도 불구하고, 나관중의 작품은 오랫동안 필사본 형태로 유통되었다. 그러다가 홍치 7년(1494)에 초본인 홍치본弘治本이, 그것을 바탕으로 가정 원년(1522)에 가정본嘉靖本이 태어났다. 더 나아가 『삼국지통속연의』가 목판인쇄를 통해 대중적으로 보급되었는데, 여기서 '통속'이라는 단어는 말 그대로 대중적이며 쉽고 평이한 이야기로 변형된 것을 의미한다.

왜 통속이 되었을까? 역사서는 난해했고, 『삼국지평화』 같은 작품들은 허구적 요소가 지나치게 많았다. 『삼국지통속연의』는 이 두 가지 접근 방식의 중간을 찾아, 역사적 사실에 기반을 두면서도 대중이 이해하기 쉬운 형태로 이야기를 전달하고자 했다.

이 작품의 보급에는 단순한 오락 이상의 목적이 있었다. 공자의 『춘추』에서 강조된 '의義'의 개념을 대중에게 전파하려는 의도가 담겼던 것이다. 특히 주희의 『자치통감강목』에서 제시된 '권선징악'이라는 도덕적 교훈을 전달하고자 했다. 이 과정에서 조조와 같은 인물은 '의'에 반하는 악역으로 묘사되었다.

명나라 시대에 이르러 문해율이 높아지고 유교 사상이 퍼지면서 『삼국지통속연의』는 '의'의 중요성을 강조하는 매개체가 되었다. 그러자 이 책을 단서로 한 다양한 연의본이 출판되었다.

진화를 거듭하여 탄생한 『삼국지연의』

『삼국지』
진수가 저술한 삼국의 전쟁과 공방은 역사적 사실에 기초해서 썼지만 위나라를 정통으로 삼은 역사서다. 그래서 촉나라를 편애하는 서민들에게 인기를 얻을 수 없었다.

『삼국지연의』
나관중은 역사적 사실과 허구를 섞어서 썼으며 '촉나라 정통론'을 내세우고, '멸망의 미학'을 살려 촉나라의 패배를 격조 높게 묘사하여 서민들의 인기를 누렸다.

『삼국지평화』
촉나라를 정통으로 간주하고 있어서 서민들에게 인기는 높았지만 황당무계한 내용이 많아서 소설로서의 완성도가 낮다.

『삼국지연의』

14세기 초에 정리된 『삼국지연의』는 완성도가 높은 문학작품으로 평가받는다. 나관중이 살던 명나라 시기에는 유교적 가치관에 따라 소설을 저속하고 하찮은 읽을거리로 평가했다. 나관중은 이러한 사회적 풍조를 의식하여 유교적 역사관을 근저에 두고 비현실적인 부분을 삭제하면서 역사적 사실에 가까운 작품을 쓰려고 고민을 거듭했다.

이전까지 삼국 시대의 이야기들은 주로 설화 형식으로 전해져 황당무계한 요소가 많이 포함되어 있었다. 나관중은 이러한 요소들을 걸러내고 역사적 사실에 근거한 서술을 통해 작품의 완성도를 높이고자 했다. 청나라 사학자 장학성이 『삼국지연의』를 '7할의 사실과 3할의 허구'라고 말했듯이 『삼국지연의』는 역사적 사실을 중심으로 하면서도 문학적 상상력을 적절히 활용한 결과물이라고 할 수 있다.

작품에서 '3할의 허구' 부분은 주로 주희의 『자치통감강목』에서 제시한 '촉한 정통론'을 뒷받침하는 데 사용되었다. 하지만 유비, 관우, 장비, 제갈량 등 영웅들의 활약에도 불구하고 촉한은 결국 위나라에 의해 멸망한다. 즉, 『삼국지연의』는 '멸망의 미학'을 그리고 있다. 이러한 서사는 당시의 서민들에게 약자에 대한 동정심을 불러일으키는 효과를 가져왔다.

『삼국지연의』의 진화 2: 이탁오본에서 모종강본까지

`08`

　『삼국지연의』는 수많은 판본과 개정을 거쳐 오늘날 우리가 아는 형태로 완성되었다. 그중에서도 특히 중요한 역할을 한 것은 이탁오본李卓吾本과 모종강본毛宗崗本이다.

　이탁오(1527~1602)의 이름을 따서 '이탁오본'이라고 불리는 판본은 『삼국지연의』의 보급과 유행에 중요한 역할을 했다. 이탁오는 명나라(1368~1644) 쇠퇴기의 사상가였다.

　명나라가 멸망하고 청나라 시대에 들어서면서 『삼국지연의』는 새로운 변화를 맞게 된다. 청나라 초기, 모윤(성산)의 아들인 모종강(1632~1709)이 『삼국지연의』를 최종적으로 개정했다. 이 작업은 강희 5년(1666) 이후에 이루어진 것으로 추정된다. 모종강과 그의 아버지가 함께 작업한 이 개정본은 일반적으로 '모종강본'으로 불린다.

모종강은 이탁오본을 토대로 삼아 대대적인 개정 작업을 진행했다. 그는 문장의 오류를 수정하고, 논리적으로 맞지 않는 부분을 삭제했으며, 필요한 경우 위·촉·오의 이야기를 추가했다. 또한 자신의 비평을 덧붙여 독자들의 이해를 돕고자 했다. 이러한 노력을 통해 『삼국지연의』는 문학적 가치가 한층 높아진 작품으로 재탄생했다.

오랜 시간 개정 과정을 거쳐 완성된 모종강본(총 120회)은 오늘날에도 중국과 일본에서 가장 많이 읽히는 삼국지 판본이 되었다.

『삼국지연의』의 계보

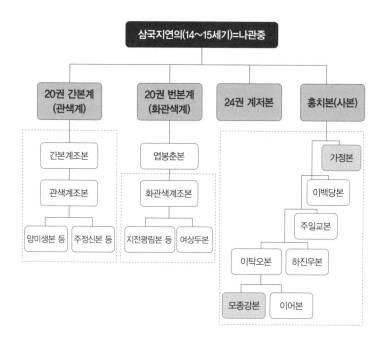

※나관중의 원본은 흩어져서 존재하지 않는다.
※화관색은 가공의 인물인데 관우의 아들로 등장한다. 관색도 관우의 아들로 등장하지만 역시 가공의 인물이다.
※간본계의 계보는 판본이 불명하지만 존재한다고 여겨지는 책이다.

『삼국지연의』 출판 경쟁

명나라 시대의 가정 연간(1522~1566)에서 만력 연간(1573~1620)에 걸쳐 출판 붐이 일어났는데, 이는 강남 지역을 중심으로 한 인쇄업과 서점의 발전이 맞물린 현상 때문이었다.

당시에는 저작권 개념이 존재하지 않았기 때문에 인기 있는 작품이라고 판단되면 여러 출판업자들이 경쟁적으로 목판인쇄를 했다. 하지만 단순한 복제에 그치지 않고, 각 출판업자들은 자신들만의 특색을 더하기 위해 다양한 시도를 했다. 특히 주목할 만한 점은 인기 소설을 그대로 출간하지 않고, 새로운 에피소드를 추가하거나 기존 내용을 개작하는 등의 방법으로 차별화를 꾀했다는 것이다. 대표적인 예가 바로 『삼국지통속연의』다. 다음은 주요 간행본 목록이다.

삼국지통속연의 가정본 간행년 · 가정원년(1522)/24권	**신간안감한보삼국지전 회상족본대전** 엽봉춘본 간행년 · 가정 27년(1548)/10권
신간교정고본대자음석 삼국지통속연의 주일교본 간행년 · 만력 9년(1581)/12권	**이탁오선생비평 삼국지** 오관명본 간행년(불명)/120회
음석보수안감의전 전상비계삼국지전 여상두본 간행년 · 만력 20년(1592)/20권	**신각음석팽훈평림연의 삼국지사전** 주정신본 간행본(불명)/20권
종백경선생비허삼국지 종백경본 간행년 · 천계(1621~1672)~숭성 연간(1628~1644)?/20권 · 120회	**사대기서제일종** 모종강본 간행년 · 강희 5년(1666)?/19권

09

『삼국지연의』를 읽기 전에
알아야 할 중앙관제

　삼국 이야기를 읽을 때 관직의 지위를 이해하지 못하면 해당 인물의 지위가 높은지 낮은지를 알 수 없어 대충 이해하고 넘어갈 때가 있다. 그러면 이야기에 순조롭게 몰입하지 못하게 된다. 그래서 여기에서는 삼국 시대(후한말)의 관료제도를 소개하려고 한다.

　후한 말의 중앙관제에서 가장 상위의 관직은 사공司空, 사도司徒, 태위太尉로 이것을 삼공三公이라고 한다. 그다음으로 높은 고관은 태상太常, 광록훈光祿勳, 위위衛尉, 태복太僕, 정위廷尉, 대홍로大鴻臚, 종정宗正, 대사농大司農, 소부少府로 이를 구경九卿이라고 한다. 그리고 이 최고 관직을 모두 삼공 구경이라고 부른다.

　삼공 구경은 '집의'라는 정책결정회의에 참여하여 황제의 자문에 응하고 국가의 중요 사안에 대해 논의했다. 하지만 때로는 황제와 삼공 구경 사이에 의견 충돌이 있었다.

이러한 상황에 대응하기 위해 황제는 자신의 의지를 직접 정책에 반영하고자 내조(내정)라는 황제 직속 관직을 설치했다. 내조에는 상서尙書, 시중侍中, 중서中書 등의 관직이 있었으며, 이들은 황제의 권위를 등에 업고 점차 실질적인 권력을 장악해 나갔다.

특히 주목할 만한 것은 환관의 전임 관직이었던 중상시中常侍다. 소부에 속하는 중상시는 황제 곁에서 중개 역할을 하며 막강한 권력을 휘둘렀다. 이러한 권력 집중은 결과적으로 후한의 쇠퇴를 가속화하는 요인이 되었다. 환관들은 자신들의 사리사욕을 채우기 위해 도의를 저버리고 조정에서 세력을 확장해 나갔다. 그들의 전횡은 후한 몰락의 주요 원인 중 하나로 꼽는다.

삼국 시대(후한 말)의 중앙관제

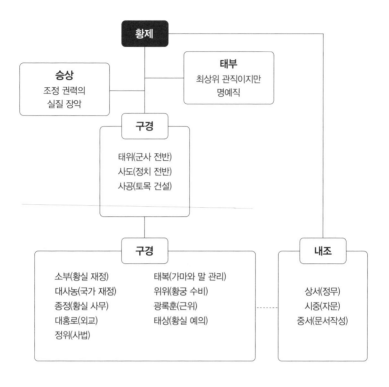

- 태부는 전한에서 황제에게 금인자수를 받던 관직으로 승상, 삼공(대사마·대사 도·대사공)보다 높은 지위였지만 실권은 없었다. 후한에서도 황제가 즉위할 때 자주 설치했으나 녹상서사(상서의 우두머리)를 겸임하지 않으면 명예직일 뿐이 었다.
- 승상은 삼공보다 높은 관직이다. 황제를 보좌해서 정무를 보는 관직으로, 실질 적인 조정의 최고 권력자다. 후한에서 승상은 폐지되었으나 조조가 위나라를 건 국했을 때 승상을 부활시키고 자신이 그 자리에 앉았다.
- 내조는 황제의 측근으로 황제의 뜻을 받아 정무를 집행하며 권력을 키워갔다.

때로 중상시는 소부의 일원이면서 황제를 곁에서 모시기 때문에 절대적인 권력을 지니게 되었다. 후한 영제 4년(92) 이후에는 환관 전임의 관직이 되었다. 중상시는 환관의 관직 중에서는 황후부를 관리하는 대장추大長秋 다음으로 높은 지위였다. 대장추는 조조의 할아버지 조등이 맡았던 자리다.

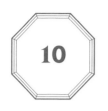

10 『삼국지연의』를 읽기 전에 알아야 할 지방 행정

후한에서 가장 큰 행정구역은 주州다. 나라를 13주로 나누고, 각각 행정 장관을 두었다. 관직명은 목牧이나 자사刺史다. 다만 한나라 시대에는 목이 자사로 변경되거나 자사가 목으로 바뀌는 일이 자주 있었다. 본래 자사는 부패를 적발하는 감찰관이다.

13주 중에서 사례司隷라는 구역이 있는데, 이것은 수도 낙양을 포함한 특별행정구로 사례교위가 장관이고 중앙관리를 단속했다. 지방 장관이 목과 자사, 중앙 장관이 사례교위다. 사례교위가 더 직위가 높았다.

주 중에서 군郡이 있고, 작은 주 5군, 큰 주 12군, 전부 105군이 있었다. 군의 장관은 군태수로, 지방 행정을 담당했다.

가끔 군에 황제 일족이 나라를 세우기도 하는데, 그 경우 지위는 '나라國(후국侯國)'며 황제 일족은 제후왕이라는 경칭으로 불리고,

그 나라에는 제후상이 파견되어 행정을 담당했다. 국상國相 또는 상相이라고도 불렀다.

실질적인 지방 행정은 그 지방 출신자에게 맡기면 원활하게 돌아간 모양이다. 실제 군 출신의 속리屬吏가 행정을 담당했으며 지방의 속리는 지방관들의 천거로 선발되었다.

속리 중에서도 중심은 별가종사別駕從事로 군의 최고직이다. 그 직무의 성질상 지방에서 명성이 높은 명사名士를 앉히면 행정이 수월했다고 한다. 명사는 별도로 다시 소개하겠다.

군 아래에는 현縣이 있는데, 평균 10현 정도를 두었다. 큰 현을 맡은 행정관을 현령, 작은 현을 맡은 행정관을 현장이라고 하였다. 후한에서는 1,180현이 있었다고 한다. 기본적으로 현은 황제 직속이었다.

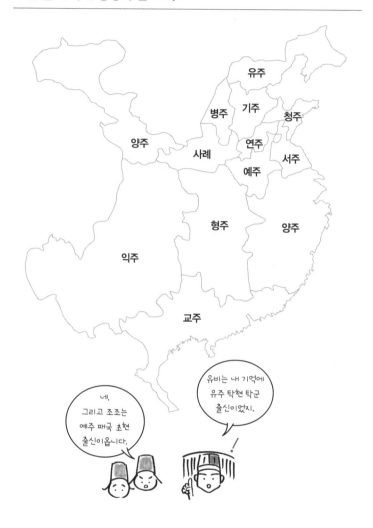

후한 행정 구분과 행정관

높음

행정 구분	행정관	
주	**주목**	주의 전권을 장악하는 장관
	주자사	처음에는 감찰관, 나중에는 주의 장관 ※목과 자사는 정권의 상정에 따라 관직명이 계속 변경
군	**군태수**	군의 장관으로 최고 지방 행정관
현	**현령**	호수가 많은 현의 장관
	현장	호수가 적은 현의 장관

낮음

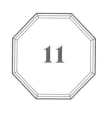

『삼국지연의』를 읽기 전에 알아야 할 후한의 군사제도

후한 시대의 군사제도는 국가 운영의 핵심 요소였다. 끊임없는 외적의 위협과 내부 반란에 대비하기 위해 구축된 이 체계는 『삼국지연의』의 배경이 되는 사회를 이해하는 데 중요하다.

군사 조직의 최고 수장은 단연 장군이다. 그중에서도 대장군은 최상위 직책으로, 군사권뿐 아니라 내정에 관한 전권까지 장악하고 있었다. 이는 종종 조정의 최고 권력자가 이 자리에 올랐기 때문이다. 대장군 아래로는 '삼장군'이라 불리는 세 개의 고위 장군직이 있었는데, 높은 순서대로 표기장군, 차기장군, 위장군으로 구성되어 있다. 삼장군은 전한과 후한을 거쳐 이어진 전통적인 지위로, 중앙관제의 삼공과 비견되는 위상을 지니고 있었다. 이러한 군사 고위직들의 위상은 외척이 관직을 차지하는 일이 많았기 때문에 결과적으로 후한 쇠퇴의 큰 원인이 되기도 했다.

장군 명칭은 그 밖에도 많다. 삼장군의 아래에는 때에 따라 임명되는 무군撫軍대장군, 중군中軍대장군, 진군鎭軍대장군이 있다. 다시 그 아래로는 사정四征장군이 있고, 그 아래로는 사진四鎭장군, 사안四安장군, 사평四平장군이 있다. 놀랍게도 장군의 명칭은 총 141개에 달했다고 한다. 모든 장군 명칭을 소개하지는 못하지만 다음 페이지의 그림을 참조하기를 바란다.

장군만으로는 실제 전투를 할 수 없으니 당연히 세분화된 계급 체계가 존재했다. 특히 주목할 만한 것은 중랑장과 도위라는 직책이었다. 이들은 군사를 지휘하는 역할을 맡았으며, 광록훈이라는 9경의 일부로 분류되었다. 중랑장으로는 오관중랑장, 좌중랑장, 우중랑장, 호분중랑장 그리고 황제 직속의 우림중랑장이 있었다. 또한 궁중 경비를 담당하는 중랑, 시랑, 랑중이라는 직책도 있었다.

군郡의 병사 등을 총괄하는 봉차도위奉車都尉, 부마도위駙馬都尉, 기도위騎都尉도 있었는데 모두 지휘하는 병력의 규모가 장군에 미치지 못했다.

한나라 시대의 관품(관위)과 장군 명칭

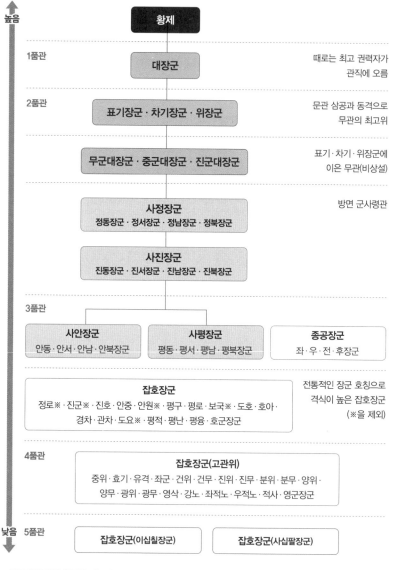

높음

황제

1품관

대장군

때로는 최고 권력자가
관직에 오름

2품관

표기장군 · 차기장군 · 위장군

문관 삼공과 동격으로
무관의 최고위

무군대장군 · 중군대장군 · 진군대장군

표기 · 차기 · 위장군에
이은 무관(비상설)

사정장군
정동장군 · 정서장군 · 정남장군 · 정북장군

방면 군사령관

사진장군
진동장군 · 진서장군 · 진남장군 · 진북장군

3품관

사안장군
안동 · 안서 · 안남 · 안북장군

사평장군
평동 · 평서 · 평남 · 평북장군

종공장군
좌 · 우 · 전 · 후장군

잡호장군
정로※ · 진군※ · 진호 · 안중 · 안원※ · 평구 · 평로 · 보국※ · 도호 · 호아 ·
경차 · 관차 · 도요※ · 평적 · 평난 · 평융 · 호군장군

전통적인 장군 호칭으로
격식이 높은 잡호장군
(※을 제외)

4품관

잡호장군(고관위)
중위 · 효기 · 유격 · 좌군 · 건위 · 건문 · 진위 · 진무 · 분위 · 분무 · 양위 ·
양무 · 광위 · 광무 · 영삭 · 강노 · 좌적노 · 우적노 · 적사 · 영군장군

낮음

5품관

잡호장군(이십칠장군)

잡호장군(사십팔장군)

※장군이 군사를 움직일 때는 부部 · 곡曲이 설치되었다. 부에는 교위, 군사마가 설치되었다. 부는 교위가 이끌고 그 아래에는 곡이 있었으며 군후가 이를 담당했다. 곡 아래에는 둔屯이 있었으며 둔장이 통솔했다. 후한 말에는 황제 직속의 부대로 '서원팔교위西園八校尉'가 창설되었다. 교위는 고급 무관의 명칭이기도 했다.

12

삼국 시대의 권력을 알려면
명사를 알아야 한다

　일반적으로 명사名士란 어떤 분야나 지역에서 명성이 있는 인물
을 지칭하는 것으로 알려져 있지만 이는 그 깊은 의미와 영향력을
제대로 전달하지 못하는 피상적인 정의에 불과하다.

　그렇다면 명사란 무엇일까?

　명사의 진정한 의미와 중요성을 이해하기 위해서는 역사적 맥
락을 살펴볼 필요가 있다. 무로마치 시대 전기에 샤미겐토沙弥玄棟
가 편찬한 『삼국전기』에는 "그가 천하의 명사가 되는 사이에 해를
입히는 자는 크게 비난받아야 할 것이다."라는 구절이 있다. 이는
명사가 사회에서 강한 영향력과 신뢰를 받는 존재였음을 시사한
다. 실제로 삼국 시대 중국에서도 명사를 해치거나 배척하는 영웅
들은 대중의 신망을 잃곤 했다.

　명사는 지식인들 사이에서도 특별히 뛰어난 존재로 인정받았

다.『삼국지연의』를 자세히 읽어보면 조조나 유비 같은 주요 인물들이 세력을 확대하고 정권을 발전시키는 과정에서 항상 명사들의 협력이 필수적이었음을 알 수 있다.

원래 명사는 토지의 호족이었고, 지역 사회의 지배계층이었다. 하지만 단순히 지역의 지배계층으로 머무는 것과 명사로 인정받는 것에는 큰 차이가 있었다. 명사로서의 명성을 얻게 되면 그 영향력은 빠르게 지역을 넘어 확대되었고, 이는 그들의 활동 무대를 크게 넓히는 계기가 되었다.

명사들의 가장 큰 강점은 뛰어난 정보력과 분석 능력이었다. 그들은 독자적인 동료 사회를 형성하고 있었고, 이를 통해 빠르고 정확한 정보를 얻을 수 있었다. 또한 수집한 정보를 바탕으로 정세를 분석하고 주요 인물들의 성격과 능력을 정확하게 평가했다. 이러한 능력은 혼란한 시대에 매우 귀중한 자산이었기 때문에 명사들은 권력자들에게 없어서는 안 될 존재가 되었다. 그래서 명사를 어떻게 포섭하는지, 어떻게 대우하는지에 따라서 삼국 시대 군웅의 생사가 결정되었다고 해도 과언이 아니다.

그래서 명사들은 군웅의 신하라기보다는 협력자로 일하기를 원했고, 이는 종종 군웅과 명사 사이에 미묘한 긴장과 신경전을 야기했다.

삼국 시대의 명사란

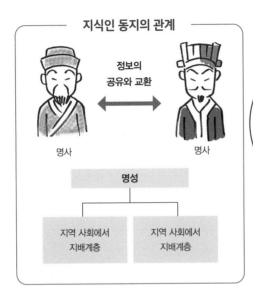

지식인 동지의 관계

정보의
공유와 교환

명사 ⟷ 명사

명성

지역 사회에서
지배계층

지역 사회에서
지배계층

명사란 학식이 풍부한
지식인 중에서 명성을 얻은 인물이다.
명성 덕분에 지역 사회에 지배력이 있었고,
뛰어난 분석력으로 군웅의 흥망성쇠까지
예견할 수 있었다고 한다.
이러한 명사는 삼국 시대에 커다란
영향력이 있었다.

군웅과 명사의 관계

군웅과 명사의 신경전

대등한 관계를 바라는 명사

복종을 바라는 군웅

명사의 능력과 영향력을
자신의 권력으로 이용하려는 군웅은
명사에게 복종을 요구했다.
반면 군웅의 권력 강화를 보좌하는 명사는
신하가 아닌 참모로서
협력자가 되기를 원했다.

삼국지

1판 1쇄 인쇄 2024년 11월 5일
1판 1쇄 발행 2024년 11월 15일

지은이 스미타 무쿠
옮긴이 양지영

발행인 양원석 **책임편집** 김희현
디자인 강소정, 김미선 **영업마케팅** 윤송, 김지현, 이현주, 백승원

펴낸 곳 ㈜알에이치코리아
주소 서울시 금천구 가산디지털2로 53, 20층(가산동, 한라시그마밸리)
편집문의 02-6443-8846   **도서문의** 02-6443-8800
홈페이지 http://rhk.co.kr
등록 2004년 1월 15일 제2-3726호

ISBN 978-89-255-7435-6 (03910)